最強のチームビルディング
その采配・戦術・育成

ブラン の マネジメント

The Practice of Management
Philippe Blain

増井麻里子
Mariko Masui

元バレーボール男子日本代表監督
フィリップ・ブラン
Philippe Blain

CROSSMEDIA PUBLISHING

プロローグ

日本の男子バレーが強くなった理由

ここ数十年も低迷していたバレーボール男子日本代表がなぜ強くなったのか？

バレーボールに詳しい方であれば、その理由を戦術面から語ることができるだろう。しかし、ほとんどの方にとっては大きな謎ではないだろうか？　そして、主要国際大会で47年ぶりに銀メダルに導いてくれたフランス人のフィリップ・ブラン監督とは、いったいどういう人物なのか？

バレーボール男子日本代表が世界レベルの魅惑的なチームに変貌した背景は、フィリップ・ブラン監督の存在抜きには語れないだろう。本書は、これまでメディアでは語られてこなかった、ブラン監督のマネジメントに焦点を当てて構成した。スポーツ関係者だけでなく、ビジネスパーソンにも大いに参考になる内容だ。

本書はII部構成となっている。第I部では、ブラン監督の言葉から、その人物像とマネジメント手腕を紐解いていく。第Ⅱ部では、シーズン2017から2024までの軌跡を、ブラン監督自身が振り返る。

「マネジメント」といえば、日本語では「管理」と訳されることが多い。役職にある人が組織のあらゆる要素を調整し、高いパフォーマンスを出すことを目指すときに使われる。本書には、そうした普遍的なマネジメントについて、企業や組織の管理職の方々にヒントとなることが書かれている。

プロジェクト設計、優先順位付け、権限委譲、目標設定、評価システム、観察、コミュニケーション、個人面談、会議運営、人材育成、イノベーション促進、ワークライフバランス——。

日ごろからマネジメントの本を読まれている方には、お馴染みの内容も多いと思う。昔から多くの本で繰り返し言われているのは、実践できない人が多いからではないだろうか？　ブラン監督がその一つひとつについて慎重に決断し、忍耐強く緻密に実行したから結果を出したことがわかる。

本書で言う「マネジメント」は、もっと広い意味を指している。「困難な状況をなんとかして乗り切る」といった意味だ。これは管理職に限らず、個人レベルでも応用できることである。たとえばパリオリンピック前にブラン監督は、「私たちはVNL（銀メダルを獲った大会）で、忍耐と決断によって重要な局面を管理する能力があることを示した。相手が自分たちを上回るプレーをしているときでも、この心理戦略を持ち続けよう」と選手たちに言った。

バレーボールに限らず、日本はあと1点が取れずに負ける印象がある。ブラン監督の原稿を読んで、欧米では心理学アプローチをとても重視していることがわかった。日本のスポーツがここにもっとフォーカスすれば、さらに強くなるのではないだろうか？　そのためには、経験が必要なことは言うまでもない。日本男子バレーはパリオリンピックでの経験を活かし、さらに上へと向かっていく。後悔が残ったブラン監督も、指導者として進化しながら冒険を続ける。

ブラン監督の原稿は、論文のようなところ、エッセイのようなところ、古語が入った文学のようなところがある。随所で、サン＝テグジュペリの『星の王子さま』に出てくる「大切なものは目に見えない。心で見ないと見えないんだ」という有名なセリフを想い起こさせる。ブラン監督が目に見えないものを大切にしているからだ。

経験、自信、絆、信頼、相性、一体感——。戦術でいえば、ブロックにおける肩幅などのフィジカルな威圧感やディフェンスのよさが与えるプレッシャー。そして重要なのは、本書で何度もでてくる「グループ・ディナミック」だ。これは心理学用語として「集団力学」と訳されることもあるが、ここでは「個人が集まることで生じるグループの勢い、エネルギー」がイメージとしてふさわしいと思う。

それはブラン監督が、このチームを生き物として宝物のように扱っていたからだ。悪いものが入らないように、一人ひとりが輝けるように、計算して構築し守っていた。

私は大学時代からフランス文学や哲学書を読むのが好きだった。社会人になって、叙事詩的でありながら組織論が埋め込まれているサン＝テグジュペリの『夜間飛行』を読み、フランス文学の素晴らしさに改めて感動した。山崎庸一郎さんの訳は完璧だが、いつかこの社会人にインスピレーションを与える物語を自分で訳して出版したいと思っていた。今回この壮大な実話でそれを実現することができ、夢をかなえることができた。

本書を世に出していただいた小早川幸一郎社長、執筆全般を管理していただいた川辺秀美編集長、定期的に連絡をいただき、この企画を応援してくれた執行役員の中山直基さん、プロジェクトメンバーのみなさま、そして貴重なアドバイスをくれた元男子日本代表の伊藤信博さんに心から感謝いたします。

日本男子バレーのファンのみなさまの心の中には、このチームがいつまでも棲み続けると思います。私もひとりのファンとして、この物語を本という形にしておきたいと思いました。ぜひ最後までお読みいただき、感動の記憶とともに本棚に飾っておいていただければ幸いです。

増井 麻里子

目次

第2章

選手から指導者へのキャリア

1 バレーボールに明け暮れた子ども時代
さまざまなポジションを経験した。
そのおかげで技術や戦術の能力の幅を広げることができ、
監督のキャリアをスタートする際にも役立った。……054

2 フランス代表選手時代
グループ内に広がる一体感や雰囲気によって、
団結力と野心と士気が10倍に増加する。……058

3 トップクラスの選手に必要な資質
どのような状況でも正しい決断を下すことができるように、
自分の感情を自覚し、管理する術を持っている。……061

4 指導者への情熱
ほかの指導者たちと交流し続けることは常に必要であり、
それは非常に豊かなことだ。……065

5 技術指導の学び方
監督には技術開発の創造性も必要だ。……069

6 フィジカルトレーニング指導の学び方
重要なのは、基礎を理解し、フィジカルトレーナーと
意見交換ができるようにすることである。……074

目次

7 マネジメントの学び方
経験から避けたい、あるいは逆に活用したいマネジメント行動について、土台となる考えを導き出した。……076

8 トップクラスの監督に必要な資質
最も重要な瞬間に正しい決断を下すことができるように、感情を管理する能力があるかどうかである。……079

第3章 チームプロジェクトのつくりかた

1 チームコンセプトの決め方
ポジティブなディナミックをいち早く生み出すための練習を選択する必要がある。……084

2 目標の設定と管理
選手たちが、やらなければならない練習と設定された目標との関連性を視覚化できなければならない。……089

3 選手の選び方
最後の評価ポイントは、試合中の感情のコントロール能力だ。……092

4 選手の組み合わせ方
コミュニケーターや外向的な選手が多すぎると不協和音になり、内気で内向的な選手が多すぎると受動的な雰囲気になる。……095

第4章

最高の人材を育成する方法

1 自己開発プロジェクト
選手たちが楽しみながらスキルを身につけ、上達している感覚を持てること。……100

2 チャンピオンの定義
あらゆる状況において、自分の感情をコントロールする術を知っている。……104

3 強いチームの定義
グループ・ダイナミックをより活性化させるような主要リーダーが必ず存在する。……108

コラム 感情の管理のしかた……111

第Ⅱ部　ふつうのチームが世界最高のチームになるまで

第5章　プロジェクト東京2020

1 プロジェクト東京2020の策定
最高レベルのチームを組成し、初期リソースを最適化する。……114

2 シーズン2017
シーズンを分析するとしたら、「満足」という言葉を使うだろう。……122

3 シーズン2018
あの勝利は、選手たちにパフォーマンスに対するメンタルの重要性を認識させるのに非常に役立った。……131

コラム 2018年世界選手権1次リーグ　vsアルゼンチン戦を振り返って……137

4 シーズン2019
世界において別次元まで飛躍を遂げたというチームのターニングポイントだった。……143

5 シーズン2020
この例外的な状況が終わりを告げ、必ず東京オリンピックに参加できると信じていた。……145

6 シーズン2021
この若いチームには才能があり、非常に高いレベルに向かって進化し続けるポテンシャルがある。……148

第6章 プロジェクト パリ 2024

1 プロジェクト パリ 2024の策定
効率を高めるため、私が必要なすべての決定を下し、試合中はコートの端に立って選手たちの近くで指揮を執らなければならない。……158

2 シーズン2022
プレーのレベルは、近い将来トップ6チームと戦えることを期待させるものだ。……167

3 シーズン2023
このメダルは、今後数年間の結束と決意を固める強い絆の象徴となる。……172

4 シーズン2024
私たちは世界ランキング2位となり、オリンピックではプールCのトップを飾るという栄誉を手にした。……186

目次

第7章 激闘パリオリンピック

1 最終準備
ストレスに対処するには、困難な時間帯を受け入れ、すべてが完璧であるはずがないということを受け入れる優れた心理戦略が必要だ。……204

2 ドイツ戦
ここ数年で培ったすべてのものを駆使して、もっと冷静にプレーする必要がある。……213

3 アルゼンチン戦
この試合で1セットを失ったことが致命傷にならないことを祈りつつ、この勝ち点3に安堵した。……218

4 アメリカ戦
決勝トーナメントにどう進むかはあまり重要ではない。……221

5 イタリア戦
チームの自信を取り戻すために、ここでタイムアウトを取るべきだった。……227

エピローグ　日本代表チームとの8年間の軌跡……234

第 I 部

最高の人材を育成するためのマネジメント

第1章 ブランの言葉

ブランの言葉 1

求めているのは容易さではなく、情熱を傾けられるプロジェクトだ。

日本バレーボール協会の川合会長に、なぜ日本のコーチを引き受けてくれたのかと聞かれて

２０１７年3月、フランス人のフィリップ・ブラン氏がバレーボール男子日本代表のコーチに就任することが報道された。フランス代表監督として世界選手権で銅メダルを獲得。ポーランド代表コーチとして世界選手権で優勝するなど、強豪国で実績を上げてきた指導者である。

日本代表は、２００８年に北京で16年ぶりのオリンピック出場を果たしたが、その後の2大会は切符を逃していた。２０１７年春、東京オリンピックでのメダル獲得に向けて新体制が発足。男子バレー再建を託され、監督に就任した中垣内祐一氏は、**外国人指導者**による強化が必須であると考えていた。

低迷期が長く続いていたため、バレーファンやメディア関係者がメダルを口にすることはなく、業界全体に諦め感が蔓延していた。若くてセンスのある選手が出てきたという希望も見えていたが、世界的プレーヤーといわれる日本人選手はまだいなかった。再びメダルを獲れるようになるまで再建することは、誰が見てもいばらの道であり、引き受けるには相当な勇気がいる。そのような状況で、名将と呼ばれるブラン氏の招聘は、バレー界にとってはサプライズだった。

求めているのは容易さではなく、情熱を傾けられるプロジェクトだ。

２０２３年にバレーボール協会の川合会長と対談した際、なぜコーチを引き受けてくれたのかと質問されたブラン監督はこう答えた。その言葉の背景を聞いたところ、こう述べている。

私のキャリア選択は、プロジェクトを成功させ、決められた目標を達成するために必要な手段や時間を与えてくれる環境を求めることによって決まるのだ。名声を求めて、仕事を選んでいるのではない。

ブラン監督が人を率いるときに大切だと考えていることは、まずビジョンをもつことである。そのビジョンは選手たちに共有され、プロジェクトが組成される。そしてプロジェクトを管理することによって、日々の練習が最も効果的なものになる。

さらに、監督というのは、たとえ長い期間で実績があったとしても、リーダーとしての能力が失われていないことを常に示し続けなければならない、と述べる。

監督という職種、あるいはマネジメント全般において、簡単なことは何ひとつない。第一の理由は、人間科学の複雑さである。あらゆる状況に適用できる体系的なレシピなど存在しない。たとえ長い実績があったとしても、この分野では非常に謙虚でなければならない。さらに、新しい環境、異なる考え方やビジョンをもつ新しい世代に適応するために、変化・進化できるようにしておくこと。監督は、常に効率的でオープンマインドであり続けなければならない。結論として、監督やマネジメント職には、容易さなど存在しない。

バレーボールは、1990年代中盤以降にルールが大きく変わったスポーツだ。1994年には、サービスゾーンが右端3mからコート幅いっぱいの9mに拡大された。

1999年には、5セットマッチ3セット先取を維持したまま、25点制（ただし第5セットのみ15点制）の完全ラリーポイント制が導入された。サーブ権の有無にかかわらず、得点できるようになった。それまでは、15点制のサイドアウト制（ただし第5セットのみラリーポイント制）で、サーブ権があるときのみ得点できた。

これによって、試合時間が長くても3時間強に収まるようになり、時間管理がしやすくなった。その一方で、25点まで常に点数が入るため緊迫感が失われ、膠着状態から均衡が崩れて試合が動き出した瞬間や、重要な場面での得点の効果がとくに一般の観客にはわかりづらくなった。バスケットボールのスリーポイントシュートのようなものはなく、1点ずつしか入らないため、セットの序盤から中盤で点差がつくと終盤での大逆転の可能性も低くなる。

1998年にはリベロ制度が導入された。リベロは後衛の選手と何度でも入れ替わることができる。実際にはミドルブロッカーが後衛に回ったときに、替わりに入ることが多い。ただし、ネット上端より上のボールをアタックしたり、サーブを打ったりブロックに跳んだりしてはならない。また、リベロがアタックラインより前で踏み切ってオーバーハンドで上げたトスを、ほかのプレーヤーがアタックしてはいけないといった制限もある。

このほかにもサーブのネットインが失点にならず、プレーが継続されることになったり、脚でレシーブすることが認められたり、チャレンジ制度導入で審判に異議を唱えることが可能になるなど、バレーボールが一変した。そして世界ではデータバレーが浸透し始める。日本は状況に対応できず、戦術面で立ち遅れてしまった。

ブラン監督が監督に転向したのは1991年であり、選手時代のバレーボールとは大きく異なる。彼が言う「監督は進化し続けなければならない」というのは、非常に重要なことだ。

ひとくち解説

外国人指導者

男子バレー日本代表チームは、ブラン監督以前に一度だけ外国人監督を招聘したことがあった。アメリカ代表コーチの実績がある日系アメリカ人のギャリー・サトウ（Gary Sato）監督である。しかし、2013年の1シーズンで退任となった。荒木田強化事業本部長は、アメリカのバレーは心身共に自立したトップアスリートのもので、日本の選手には時期尚早だと判断したと説明。

ブランの言葉 2

自分の体を可能な限り、
選手のような
コンディションに
保つことは、
ひとつの目標である。

仕事と日常生活のバランス面などについて

ブラン監督は、イタリア・アルプスの街「クーネオ」で選手生活を終えた。監督のポストに就いたとき、やっとスキーに行くチャンスが来たと思ったが、実際には一度も行っていないという。

監督という仕事は多くの時間を要し、ほかのものに対する情熱を削ぐものだ。しかし私は経験を積むにつれ、指導者としての役割を効果的に果たすためには、自分自身の欲求を管理し、仕事と私生活のバランスを保つことも必要だということに気づいた。選手たちと同じように、リーダーもまた、仕事量、日常生活での問題解決、そしてリラックスする時間のバランスに気をつけなければならない。

ブラン監督はインタビューで趣味を聞かれた際、「釣りや料理などをする時間がない」と発言していた。しかし、それではいけない。その理由はこうだ。

監督にとって問題となるのは、肉体的な疲労ではなく、精神的な疲労である。多くの場合、精神的な疲労は洞察力を失わせ、ときには気分の落ち込みを招き、マネジメントにおいて極めて逆効果となる。

ブラン監督は、事前に環境を整えることが重要だと述べる。

仕事の面において大切なのは、繰り返し起こる問題に対して決断を下せるスタッフをつくること。それだけでなく、チームの利益のために全員のスキルを最大限に活用することである。優れたマネジャーはスタッフに任せる方法を知っている。スタッフが自分で決断を下せるように、時間をかけて彼らを訓練しなければならない。それは決して時間の無駄ではない。

プライベートな面についてはこう述べている。

遠く離れていても、安心して仕事ができるように、家族の体調を整えておく必要がある。

個人的なことについても、健康が重要だという。お気に入りの格言は「自分の力を最大限に発揮するためには、健康な肉体に宿る健康な精神が必要だ」というものだ。これは古代ローマ帝国のユウェナリスの風刺詩集から引用されたもので、スポーツや教育の場面でよく使われる。

自分の体を可能な限り、選手のようなコンディションに保つことは、ひとつの目標である。

フランス語には「réfléchir レフレシール」（考える）と「rafraîchir ラフレシール」（リフレッシュする）という言葉がある。ブラン監督によれば、監督というのは、常に決断を迫られるため、レフレシールし続けなければならない職種である。ところが、自分に言い聞かせるようにこう述べた。

選手たちができるだけフレッシュな状態で大会に臨めるよう、練習量と疲労回復のバランスを保とうとするのと同じように、私もマネジメントの仕事から離れ、自分にとって楽しいことに没頭できる時間をつくらなければならない。ときには決断を迫られることなく、バレーボール以外のことを楽しむ時間も必要だ。このようなひとときを過ごすことで、私は「ラフレシール（リフレッシュ）」し、自分の使命をよりよく追求するために、よりクリアでリラックスした考えを持って仕事に戻ることができる。

ブランの言葉 3

優先順位の概念が極めて重要だ。

健康やストレスの管理について聞かれて

監督がすべてのことを自分でやろうとしてはいけない。多くのことをこなそうとしすぎると、最も重要なことがうまくいかなくなる危険性があるからだ。ブラン監督は、プロジェクトを立ち上げたときに決めた特定の優先事項に専念することが重要だと考えている。そのためには、まずスタッフを配置する。

マネジメントにおいては、優先順位の概念が極めて重要だ。だからこそスタッフの存在が欠かせない。資質に応じてアシスタントに一定量の権限を委譲することは、絶対に必要だ。そうすることで、監督は正しい決断を下すための時間を増やすことができる。

ブラン監督は、自分の精神状態がチームに影響を与えるということを非常に意識している。

監督はストレスを感じている。自分の力を最大限に引き出したいなら、ストレスは必要不可欠だ。私は迷いや焦りの瞬間をできる限りコントロールし、決してチームに伝えないよう努力している。

思い返せば、試合中にブラン監督がチーム全体を不安にさせるような表情を見せることは決してなかった。ただし、完全なポーカーフェイスというわけではなく、よいプレーが出たら喜び、選手をたたえる。

試合後のメディア対応も、常に冷静だ。2018年9月にイタリアとブルガリアで開催された**世界選手権**では、日本チームは調子が上がらず1次リーグで敗退した。11月には監督の進退が議論されるほど、チームの危機ともいえる結果となった。試合後に深刻なムードが漂う中、ひとり離れたところにいた当時のブランコーチに、インタビューをお願いした。その試合のよかった点をいくつも挙げながら、「やらなければならないことが山ほどある」と淡々と語ってくれたのが印象的だった。それでは、どのようにしてストレスをマネージしているのだろうか？

ストレスを感じているとき、私たちは自分の脳からネガティブなメッセージを受け取りがちだ。解決策は、自己評価を行い、ポジティブな点をすべて浮き彫りにすることだ。そのためには、周囲の人々と議論し、ときには対立することも必要だ。

ひとくち解説

世界選手権

バレーボールにおいては、オリンピックの次に重要な大会。4年に1度開催される。2018年のイタリア・ブルガリア大会では、4つのプールがあり、それぞれ6チームのうち上位4チームが2次リーグに進出。日本が入ったプールAからは、イタリア、ベルギー、スロベニア、アルゼンチンが勝ち進んだ。日本は5位となり、6位のドミニカ共和国とともに1次リーグで敗退。決勝ではポーランドがブラジルに勝利して優勝。

ブランの言葉 4

最高でーす!!

2023年OQT最終戦の後、会場インタビューでひとことを求められて

どんなときも、迷いや焦りを決して見せないブラン監督だが、嬉しいときは感情的だ。試合で選手が素晴らしいプレーをしたときは、ジェスチャーを交えて喜ぶ。２０２３年6月、ＶＮＬ（バレーボール・ネーションズ・リーグ）で、強豪ブラジルに30年ぶりに勝利したときは泣いていた。選手たちは大喜びで笑顔だったから、その涙はひときわ印象的だった。

バレーボール国際試合の日本開催が減ってきたこともあり、ブラン監督の日本会場でのインタビューは数少ない。２０２３年10月のＯＱＴ（Olympic Qualifying Tournament：オリンピック予選）での会場インタビューは、日本のファンに明るい人柄が直接伝わる貴重なシーンとなった。

この大会でパリオリンピックの切符を獲れなかった場合、２０２４年6月のＶＮＬ予選終了時点での世界ランキングで、アジア1位またはオリンピック枠までの順位に入らなければならない。そうなると、7月から始まるオリンピックの前月まで全力で戦わなければならず、準備期間が短くなってしまう。そうした状況は避けたかったため、このＯＱＴで2位以上になり切符を獲るのが目標だった。この大会で決めたかった理由はもうひとつあった。日本のファンと感動を分かち合うことだ。

2023年は7月にVNLで銅メダルを獲り、大きく飛躍した年だ。国内でも男子バレーの強さが注目され、多くのメディアが取り上げ始めた。OQTのチケットはすぐに売り切れ、大会前は全体的に楽観的なムードがあった。

しかし始まってみると、1、2試合目にプレッシャーがかかり本来のプレーができず、窮地に陥った。3試合目から見事に立て直し、2位で予選を通過した。

大会最終戦は、控えの選手たちでアメリカと対戦し、敗れて2位が確定した。切符獲得の目標を達成したブラン監督は、インタビュアーに最後にひとこと日本語でのメッセージを求められ、通訳の行武アナリストに確認してから「**最高でーす!!**」と叫んだ。この言葉には、ブラン監督の次のような思いが込められていた。

私はこの仕事を愛している。人間的な冒険をするのが好きだし、一緒に働く人々、スタッフ、選手と一緒に楽しむのが好きなんだ。喜びは、どんな仕事でも個人的な活動でも大切な感情だ。私がこの仕事を続けている理由のひとつでもある。そして、スポーツマンとして、応援に来てくれるファンに感謝しなければならない。ファンのおかげで、勝利の後に会場を支配するスタンドの雰囲気のおかげで、私たちの喜びは10倍になる。ときにスポーツには激しい失望の瞬間もあるからね。

ひとくち解説

「最高でーす!!」

2002年にプロ野球・読売ジャイアンツの阿部慎之助選手がヒーローインタビューで何度も言ったことから使われるようになったセリフ。男子バレーの選手たちもヒーローインタビューでよく使っていた。

私は藤井が戦う人であることを知っている。

セッターの藤井直伸選手の闘病中に

藤井直伸が日本代表に初めて選出されたのは2017年で、25歳のときだった。ブラン監督がコーチとして就任したシーズンである。シーズン開始の記者会見で藤井選手は、「自分の特徴は速いテンポのバレーで、ミドルを生かすことだと思いますので、その辺りをアピールしたいと思います」とコメントした。初年度から藤井選手はチームに欠かせない存在となった。中央エリアからの攻撃を増やしたいというチームの方針に、プレースタイルがマッチした。

2021年には東京オリンピック、アジア選手権に出場したが、年末にボールが2つや3つに見えるなど目の不調を感じ始めた。翌年2月、ステージ4まで進行した胃がんを患っていることを公表した。ブラン監督は「私は藤井が戦う人であることを知っている」とコメントした。そのときの想いを語った。

闘志あふれる人というのは、私にとって褒め言葉だ。病気との闘いでは、患者の心が治癒の決定的な要因となる。

回復の祈りはかなわず、2023年3月10日に藤井選手は31歳の若さで逝去した。残念ながら、それだけでは十分ではなかった。彼に直接会う機会がなかったことを後悔している。メールを送る以上のことをすべきだった。

　私は当初から藤井を才能ある明るい性格のセッターとして見ていた。試合中にもっと喜びの感情を出し、リーダーシップをとってほしいと感じていた。言葉の壁もあり、彼がコートの外で見せていた祝祭的な一面やリーダーシップを感じ取ることはできなかった。VNL2019の最終戦の後、ライプツィヒのホテルでチームの打ち上げが行われた。藤井が司会者としてチーム全員をまとめ、夜を盛り上げていた。のちに彼との個別面談を行った際、私はこのときのことを話した。コート外で明らかになる情熱やエキセントリックさを抑制しないでほしいと要求した。あのときのようなリーダーシップをコート上にも持ち込んでほしいと伝えた。

　人生には不公平なこともある。大会の終わりに選手たちが藤井の写真やユニフォームを持ってくるのを見ると、いつも深く感動させられる。

　2024年9月、韓国の天安市でブラン監督と食事したとき、藤井選手の話になった。

「李博選手とのコンビを日本では『ふじーりー』って呼ぶんです。高速Bクイックが決まると言います。」ブラン監督は「ふじーりー、そうか」とやわらかい表情で言った。

ブランの言葉 6

子どもは連れて行かない。

20歳の甲斐優斗選手に向けて

２０２４年6月、**パリオリンピックのメンバー**が発表された。そこには20歳で最年少の甲斐優斗選手の名前があった。そのまえにブラン監督は「子どもは連れて行かない」と言っていた。彼に求めていたことは何だったのだろうか？

甲斐優斗は、時折現れる才能ある選手のひとりで、私たちは彼がトップレベルに到達するための条件を整える努力をしなければならない。彼は幸運にも、私たちに協力してくれる大学の監督に恵まれた。大学生活もあり忙しい中、彼はプロジェクト パリ２０２４に参加することができた。

甲斐優斗の強みは

・バレーボールを自然に理解していること。素直にアドバイスを聞き練習できること
・最も重要なポイントは、効果的なサーブを少ないミスで打てること
・アウトサイドヒッターとしては、非常に興味深い形態をもつこと

これからの課題は

・適切なフィジカル・トレーニングを受けること。まだ受けていなかった初期の段階では練習が制限され、ケガのリスクがあった
・自分を打ち出し、コート上でチームに勢いをもたらす存在になること

ブラン監督は、彼にシーズン2023が終了した後、違う環境を学ぶために海外へ行くことを勧めた。短期間ではあったが、彼はフランスのクラブチームでプレーした。シーズン2024が始まったとき、ブラン監督はこう考えていた。

私は、彼が最終グループに選ばれるかどうかは、その選手次第であることを理解してほしかった。

・チームに付加価値を与える技術的・戦術的能力
・スタッフや他の選手たちに、コート上で決断し、自己表現する能力があることを示すこと

だから私は、**代表チームでは一定の成熟度を示さない若い選手を選ぶことはできない**と言ったのだ。

私は、彼には選出に必要な要素を短期間で身につけてほしいと考えていた。そして何よりも、12人に入りたいのであれば、自分が責任を持たなければならないことを理解してほしかった。

フランスには年齢に関係なく、みんなで1人の英雄を持ち上げるような文化がある。ブラン監督は日本の文化を知ったうえで、必要な改革を行い、若手を積極的に育成し採用した。試合に出るからには、年功序列の掟を破って自立してほしいと考えていた。甲斐優斗はパリオリンピック直前のVNLで、選ばれるだけの存在を示した。

ひとくち解説

パリオリンピックのメンバー

12人+リザーブメンバー1人
2024年6月24日発表

セッター

深津旭弘（36＝東京グレートベアーズ）
関田誠大（30＝ジェイテクト）

オポジット

西田有志（24＝大阪ブルテオン）
宮浦健人（25＝ジェイテクト）

アウトサイドヒッター

大塚達宣（23＝ミラノ）
髙橋藍（22＝サントリー）
石川祐希（28＝ペルージャ）
甲斐優斗（20＝専修大）

ミドルブロッカー

小野寺太志（28＝サントリー）
山内晶大（30＝大阪ブルテオン）
髙橋健太郎（29＝ジェイテクト）

リベロ

山本智大（29＝大阪ブルテオン）

リザーブメンバー

富田将馬（27＝大阪ブルテオン）

ブランの言葉 **7**

オリンピックに連れて行くリベロは1人だけ。

オリンピックメンバーのポジション構成についてのコメント

1998年にリベロ制度が正式に導入された。それに伴い、FIVBは世界の主要大会の選手数を1チームにつき14人に増やした。しかし、このルール変更は、オリンピックではまだ認められていない。オリンピックでは、12人の選手で構成されるため、リベロは1人しか選ばれないケースが多い。ブラン監督はあらかじめ、オリンピックに連れて行くリベロは1人だけであり、リザーブ選手には別のポジションの選手が入ることを明確にした。

2017年以来、私は日本チームに世界最高のリベロを1人備えることを計画した。残念なことに、あるいは幸運なことに、今の日本には世界トップクラスのリベロが1人ではなく2人いる。

2024年は2つの大会が開催されるハイブリッドシーズンである。次のことが決まっていた。

- 14人の選手で、パリでの最終目標に備えて、VNLに参加する
- パリオリンピックの12人の選手を、VNLの予選リーグ終了後に発表する

山本智大と小川智大は、チームになくてはならない存在だ。彼らの献身的なプレーによって、サーブレシーブやディフェンスのチーム練習がハイレベルなものとなる。彼らはチームの中で特別な位置を占めており、彼らの仲のよさとユーモアが練習での温かい雰囲気をつくり出している。

ブラン監督は、この必要な選択を管理する最善の方法は何かと自問した。

私は、VNL期間中に2人が公平な条件のもとで自己表現できるようなプログラムを確立した。準備の段階から彼らに透明性を持たせるべきだと考えたからだ。

私は彼らに、パリ行きの選考がもたらす困難とストレスは理解していると伝えた。しかし、彼らを結びつけるこの特別な絆は、彼らのため、そしてチームのために守られるべきものだということも伝えたかった。

選考の結果を発表する日を6月24日に決めたのは、27日から始まるVNL決勝トーナメントに進出した場合のことを考えてのことだった。オリンピックメンバーに選ばれた選手たちは、オリンピックで準々決勝に進むことを目指しながら、VNL

決勝トーナメントという貴重な試合を優先的に経験する。選ばれたのは山本選手だった。

オリンピックの最終選考は、選ばれなかった選手にとっても、それを伝えなければならない私にとっても、とてもつらい試練になることは、シーズン開始時からわかっていた。

実際に、その後ブラン監督は、小川選手とミドルブロッカーのラリー選手にパリに帯同してほしいと伝えた。2人は承諾し、チームに協力した。

ブランの言葉 8

もう一度やり直すとしても、同じ選択をするだろう。

パリオリンピック後の総括コメントにおいて

難しい決断を迫られるとき、ブラン監督は最終的には1人で決断するが、独断で選択することはない。

シーズンの計画を立てるとき、プログラムに関して選択しなければならないことがある。私は常にプログラムの選択がチームの目標と一致するように心がけている。いくつかの選択肢があり、それぞれにプラス面とマイナス面がある。このような場合、私はスタッフやキャプテンに議論や感情を加えてもらってから決断する。

パリオリンピックの年であるシーズン2024で、焦点となったのはVNLの決勝トーナメントに進むかどうかだった。6月27~30日にポーランドで開催されることになっている。そのあとすぐに日本に戻り7日間の休養後、ナショナルトレーニングセンターでの5日間の合宿を実施し、ポーランドに入って親善試合をすることになっていた。23日にはパリ入りするというタイトなスケジュールであり、選手たちの疲労が懸念された。

一方、国際大会の決勝トーナメントという舞台を経験することのプラス面も捨てがたかった。パリオリンピックでメダルを目指すには、場慣れすることも重要だからだ。２０２３年のＶＮＬでは銅メダルを獲得したものの、決勝の舞台には立っていない。ここで決勝の独特の雰囲気を経験しておくことができれば、よい準備になることはまちがいない。

実際には日本は決勝に進み、銀メダルを獲得した。世界ランキングは第2位まで上がった。しかし、パリオリンピックでは初戦のドイツ戦で敗れて波に乗れず、うまくいかなかった。ブラン監督は、フィジカルではなくそれ以外の要素が大きかったと考えている。

もちろん、シーズン終了後、結果を踏まえて自分の選択が正しかったかどうかを振り返る。ＶＮＬのメダルと選手の気持ちが、私の考えが正しかったことを証明してくれたようだ。結果的にパリオリンピックの準々決勝で負けたとはいえ、私はこの決断を下した。もし負けるとしても、それはコンディションのせいではないと考えていたからだ。この決断に後悔はない。

うにするために、VNLでは控えメンバーやセカンドチームを出す国もあった。ドイツも主力のオポジットやリベロを出さず、オリンピックに備えていた。しかし、結果的には準々決勝で敗れた。もっとも相手は優勝したフランスだったので、運がなかったともいえる。

パリオリンピックで金メダルを獲得したのは、男女ともVNL2024の優勝国だった。決勝では実力を発揮して対戦国を圧倒した。ベテラン選手を温存することはあっても、データを取られないようにすることを重視していたチームではなかった。

2024年パリオリンピックの結果

順位	（東京オリンピックの順位）	国
1位	（1位）	フランス
2位	（5位）	ポーランド
3位	（10位）	アメリカ
4位	（6位）	イタリア
5位	（—）	スロベニア
6位	（—）	ドイツ
7位	（7位）	日本
8位	（4位）	ブラジル
9位	（—）	セルビア
10位	（8位）	カナダ
11位	（3位）	アルゼンチン
12位	（—）	エジプト
MVP	イアルヴァン・ヌガペト（フランス）〈2大会連続〉	

ブランの言葉 9

我々は歴史をつくる。

オリンピックに向けての意気込みとして

ブラン監督は、シーズン2024に「我々は歴史をつくる」と発言した。この印象的な言葉に込めた想いとは、どのようなものだったのだろうか？

「自国のためにオリンピックのメダルを獲得することは、スポーツの歴史の一部になることだ。それが、このグループに対する私の夢だった」

たしかにバレーボーラーにとってオリンピックは特別な大会である。東京オリンピックで7位となり、パリオリンピックではそれを上回る結果を出して当然かのように期待された。数字だけ見れば同じ7位という順位に終わった。

しかし、パリオリンピックの切符を獲ることが当然のことだと思われるほど、チームは強くなった。

ブラン監督は、日本代表と共に過ごした8年間を振り返った。

私たちは日本のバレーボールのために素晴らしい物語を書いた。生み出したプレーの質、東京でのパリオリンピック出場権獲得、2年連続のVNLでのメダル、イランでの3-0でのアジア制覇もいい思い出だ。

しかし、私たちはオリンピックメダリストの名簿には載っていない。ロサンゼルスで成功することを心から願っている。

日本男子代表の主要国際大会の成績

2017年	ワールドリーグ14位、グランドチャンピオンズカップ6位、アジア選手権優勝
2018年	VNL12位、世界選手権1次リーグ敗退（17位）
2019年	VNL10位、アジア選手権3位、ワールドカップ4位
2020年	国際大会中止・延期
2021年	VNL11位、アジア選手権 準優勝
2022年	VNL5位、世界選手権決勝トーナメント進出（12位）
2023年	VNL銅メダル、ワールドカップ兼OQT準優勝、アジア選手権優勝
2024年	VNL銀メダル、FIVBランキング2位

日本男子代表のオリンピックの成績

1964年（東京）	銅メダル
1968年（メキシコシティ）	銀メダル
1972年（ミュンヘン）	金メダル
1976年（モントリオール）	4位
1980年（モスクワ）	最終予選敗退
1984年（ロサンゼルス）	7位
1988年（ソウル）	10位
1992年（バルセロナ）	6位
1996年（アトランタ）	最終予選敗退
2000年（シドニー）	最終予選敗退
2004年（アテネ）	最終予選敗退
2008年（北京）	11位
2012年（ロンドン）	最終予選敗退
2016年（リオデジャネイロ）	最終予選敗退
2021年（東京）	7位
2024年（パリ）	7位

第2章

選手から指導者へのキャリア

1

バレーボールに明け暮れた子ども時代

さまざまなポジションを経験した。そのおかげで技術や戦術の能力の幅を広げることができ、監督のキャリアをスタートする際にも役立った。

ブラン監督は、太陽と青空に恵まれた南フランスの**モンペリエ**の出身である。夏は日差しが強く、冬は比較的温暖な地中海性気候だ。ブラン監督は子どもの頃、海のそばに住んでいて、いつもビーチのバレーボールコートでプレーしていた。ビーチバレーではなく、4対4でするバレーボールだ。一日中バレーボールに明け暮れていた。

冬はほかのボールスポーツをやっていた。最初はサッカー、次にラグビー、学校ではハンドボールとバスケットボールの練習をした。あらゆるボールスポーツに魅了され、才能にも恵まれていた。なぜバレーボールを選んだのか？　ブラン監督はこう答えた。

私の父がバレーボールクラブの会長だったことも影響した。最終的には、身体的な挑戦よりも戦術的な挑戦をベースにするこのスポーツを選んだ。

ブラン監督は常に自分の年齢よりも上のカテゴリーに入っていた。同世代とプレーするときはアウトサイドヒッターだったが、上の世代とプレーするときはセッターだった。この状況はシニアチームでプレーするまで続いた。

多くのスポーツを経験したことにより、バレーボールにとって非常に重要な総合調整力が身についたという。バレーボールではセッター、アウトサイドヒッター、そして最後はリベロと、さまざまなポジションを経験した。そのおかげで技術や戦術の能力の幅を広げることができ、監督のキャリアをスタートする際にも役立ったと自己分析している。

私は1人っ子だったから、バレーボールは私になかった兄弟の絆を与えてくれたと思う。チームは、社会性を身につける場として、とてもいい仕組みだった。私はその頃から、チームというのはよいパフォーマンスを発揮するために、慈愛と団結という特徴を持つものでなければならないと考えるようになった。

ブラン監督は選手としてもエリートだった。

私はいつも試合をすることを楽しみ、勝つ方法を探求した。若かった私にとって、地域選抜、そして全国選抜は重要なステップだ。それによってさらに高みを目指す野心が芽生え、次第にフランス代表を夢見るようになっていく。

高校時代にはユースのナショナルチームに呼ばれた。毎夏、少なくとも1カ月は合宿で技術を磨いた。何よりも、仲間たちとコート内外で大いに楽しむことができたのが嬉しかったという。

大学での勉強を続けるか、バレーボールに打ち込むか、どちらかを選ばなければならないときが来た。ブラン監督は迷わず決断したが、彼の母は将来のキャリアを心配していたので、とても残念がったそうだ。

当時のフランスでは、バレーボール選手にはアマチュアの選択肢しかなかった。ブラン監督は自分の情熱を満たしたかったため、バレーボールにすべてを捧げた。そして経済的に自立するために、コンピュータ工場で働いた。ＩＢＭ社と雇用契約を結んでいたため、職を失うことなくフランス代表チームにも参加できた。

ひとくち解説

モンペリエ（Montpellier）

オクシタニ地域圏エロー県の県庁所在地で、フランス第7位の都市。フランス語ではモンプリエに近い発音。スペインに近いこともあり、プロヴァンスとはまた違った雰囲気を持つ。バルセロナからは直通列車で約3時間。
中世の魅力と現代の活気が融合した都市で、名所に水道橋、凱旋門、聖ピエール大聖堂がある。
観光地や語学留学先として人気。

2

フランス代表選手時代

グループ内に広がる一体感や雰囲気によって、団結力と野心と士気が10倍に増加する。

ブラン監督がフランス代表チームに初めて選ばれたのは1980年で、20歳のときである。そのときのポジションはセッターだった。翌シーズンには、アウトサイドヒッターにポジションが移った。

1986年の世界選手権は、フランスで開催されることが決まった。フランスバレーボール連盟は、自国開催での歴史的な成績、すなわち世界大会でのメダル獲得を望んでいた。そのため、代表チームの選手を各クラブから引き離し、18カ月間にわたって招集することを決定した。

ブラン監督はモンペリエのクラブに籍を置いていたが、リーグのチャンピオンシップには出場しなかった。冬には集中的なトレーニングプログラムがあり、国際大会やその他の試合をするためにさまざまな国に遠征した。このとき、マネジメントというものを考えるきっかけとなる重要な経験をしたという。

フランスのシニアチームで、私は特別な経験をした。この経験から、プロジェクトの一貫性と有効性を保証するには、事前にプロジェクトを準備する必要があることを学んだ。そして、初めてネガティブなマネジメント経験をしたと言わざるをえない。フランス代表監督は、試合を管理する資質は持っていたが、人間を管理する資質に欠けていた。私はこの人間的冒険を経験して以来、グループ内に広がる一体感や雰囲気によって、団結力と野心と士気が10倍に増加するという感覚を持ち続けている。

世界選手権は1986年9月から10月にかけて行われ、結果としてフランスは6位だった。フランスチームとしてはこの大会での最高成績を収めたが、メダルには届かなかった。MVPに輝いたのはフィリップ・ブラン。6位チームから選出されるということは、圧倒的な活躍を見せたに違いない。ブラン監督はこう振り返った。

結果は私たちが期待していたものではなかったが、私たちは絶大な人気を得ていた。私は最優秀選手に選ばれるという栄誉に浴したが、それは私にとって忘れられない思い出として残っている。そのとき、父がこの成功を非常に誇りに思っていた。

ひとくち解説

第11回世界選手権の結果
1986年9月25日～10月5日 フランス開催

1位	アメリカ	9位	ポーランド
2位	ソ連	10位	日本
3位	ブルガリア	11位	イタリア
4位	ブラジル	12位	中国
5位	キューバ	13位	ギリシャ
6位	フランス	14位	エジプト
7位	アルゼンチン	15位	チャイニーズタイペイ
8位	チェコスロバキア	16位	ベネズエラ
MVP	フィリップ・ブラン（フランス）		

3

トップクラスの選手に必要な資質

どのような状況でも正しい決断を下すことができるように、自分の感情を自覚し、管理する術を持っている。

ブラン監督が考えるトップクラスの選手とは、どういう選手なのだろうか？

パフォーマンス基準は5つある。

①フィジック＝身体
②テクニック＝技術
③タクティック＝戦術
④メンタル＝精神
⑤プシコロジック（サイコロジカル）＝心理

興味深いのは、頭と心にかかわる基準が3つあることだ。さらに「精神」だけでなく「心理」が加えられているところがポイントである。トップクラスになるほど、心理という科学的なアプローチが必要なことを感じさせる。

ブラン監督は、若い選手を育てる指導者にとって、このパフォーマンス基準を学ぶことが重要だと考えている。

もちろん、それぞれのポジションには、これらの基準の内容を変換させるような特性がある。また、特定の要素が他の要素よりも重要になることもある。若い選手を指導するコーチが、こうした特性について教育を受けることは非常に重要なのではないだろうか？　そうすることで、若い選手たちを、彼らの特徴や感性に最も適したポジションへと導くことができるからだ。

ブラン監督によれば、トップクラスの選手になるには、このパフォーマンス基準のいずれにおいても最低限のレベルを満たしていることが条件となる。身体や技術で突出しているだけでは、チームスポーツにとっては不十分だということだ。

もし選手が1つまたは複数の基準において重要な欠陥を抱えていれば、チームの成績にマイナスの影響をもたらすことになる。このパフォーマンス基準は、一般的な評価システムとして優れたものであり、各基準における選手の資質を評価することによって、その選手の潜在的なレベルを評価することができる。

すべての優秀なプレーヤーは、このパフォーマンス基準の各基準において最低限のレベルを維持するとともに、特定の重要な要素に強みを持たなければならない。各基準の最低レベルが高くなるほど、その選手の質は高くなる。

優秀な選手と最高の選手の違いについては、こう述べている。

試合に対する理解にあるのは確かだ。試合を経験し、それを自分のものとしているかどうかに関係する。試合を観察する能力、そして技術的、戦術的に反応できる能力があるかどうかにかかっている。その能力があれば、選手はあらゆる状況に適切に対応することができる。

さらに、最高の選手とチャンピオンの違いについては、こう述べている。

最大の違いは、感情とミスのマネジメントにある。チャンピオンとは、自分がなぜそこにいるのか、成功するために何をすべきかを知っている人のことだ。彼らはどのような状況でも正しい決断を下すことができるように、自分の感情を自覚し、管理する術を持っている。

4 指導者への情熱

ほかの指導者たちと交流し続けることは常に必要であり、それは非常に豊かなことだ。

ブラン監督が指導者になるまでには、どういう経緯があったのだろうか？　指導者への情熱は、いくつかの要因の結果生まれたものだという。

何よりも、バレーボールへの情熱だ。指導者への道の第一歩は、まず大学で勉強せず、スポーツの資格を取得することを選択したことである。私は研修の一環として、ユースチームの指導を始めた。

しかし、すでに選手時代から指導者になるための勉強が始まっていたという。

指導者になるための見習いは、実はモンペリエの選手時代に始まっていた。私のコーチであり、クラブの監督であるベルナール・ジョンソン（1979年から1985年のシーズンまでモンペリエの監督）は、スポーツ大学でバレーボールの教師をしていた。彼は私に運動の力学、指導の原則、練習のプログラミング、チームの管理方法について多くのことを教えてくれた。彼は私のコーチであり、先生であり、友人だった。この間接的な伝授は、私の知識や精神をとても豊かにするものであり、後に指導者として仕事をするための多くの基礎を与えてくれたと思う。

ブラン監督が指導者になることを決めた最後の要因は、スポーツ選手としてのキャリアの終盤に、モンペリエ市のスポーツディレクターの職を辞し、プロとしてイタリアに渡るという決断をしたことだった。

もう一度、私はバレーボールを選択した。プロ選手としてイタリアへ行くという決断は、将来的には指導者への転向を意味することだとわかっていた。

1991年、ついに監督に就任することになる。選手生活を終えてすぐに監督になるとき、通常なら多くの不安がつきまとうはずだ。しかし、ブラン監督は名将とよばれる指導者から学んだことで、不安を軽減することができたという。

イタリアのクーネオで2年間選手としてプレーした後、私はチームの監督を任された。当然のこととして、ほかの指導者たちに会いに行かなければならないと思った。

幸運だったのは、当時男子代表チームの指導者として象徴的存在であった**フリオ・ベラスコ監督**が率いるチーム合宿に参加させてもらえることになったことだ。彼はスポーツ心理学とチームマネジメントの両面で素晴らしい監督である。私は彼と一緒に時間を過ごし、観察したり質問したりした。彼は親切にも私に知見をシェアしてくれた。この経験は、非常に大きな影響をもたらした。初めての監督業に、不安を感じず臨むことができたからである。

ブラン監督は、指導者として実績を上げてからも、ほかの指導者から学ぶ姿勢を持ち続けている。バレーボールの技術や戦術のトレンドは刻一刻と変化している。いままで通用していたことがいつ通用しなくなるかわからない。

機会があれば、ほかの指導者たちと交流し続けることは常に必要であり、それは非常に豊かなことだ。彼らの指導のしかたを見学することで、別のアプローチを発見し、自分の選択を検証することができるからだ。すべての指導者は、技術を開発し続けなければならない。有名になったから、成功したからといって、指導を続けることが許されるわけではないのだ。

ひとくち解説

フリオ・ベラスコ監督

アルゼンチン出身のバレーボール指導者。1952年生まれ。2003年にバレーボール殿堂入り。1996年のアトランタオリンピックではイタリア男子チームに銀メダル、2024年パリオリンピックでは、イタリア女子チームに金メダルをもたらした。

2008年の北京オリンピック後、日本男子チームの監督に応募したといわれるが、植田辰哉監督の続投が決まった。2011年にイラン男子チームの監督に就任し、アジアのトップへと導いたことで日本のファンにも手腕が注目された。

5

技術指導の学び方

監督には技術開発の創造性も必要だ。

ブラン監督は、バレーボールの技術指導をどのように勉強したのだろうか？

プレーの技術的な面を学ぶことは、バレーボール選手個人として資質を高め、非常にレベルの高い選手になるためにやらなければならないことだ。自分自身がトップレベルの選手であったことは、指導者の立場になっても技術的な面を広くカバーできるという利点になる。

私は幸運にも3つの異なるポジションでプレーすることができた。セッター、アウトサイドヒッター、**リベロ**だ。私の技術的なパレットは充分に大きい。

技術の幅を広げるには、一流選手からインスピレーションを受けることが重要だということ。

彼らを観察し、効果的な動きの力学を理解する必要がある。そのような選手たちに話を聞き、動きに対するビジョンを理解すること。そしてそれをどのようにして自分の動きに活用するのかを理解することだ。

技術を指導するには、さらに付加価値が求められると述べている。

さまざまな技術の研究や知識は重要だ。しかし、指導者はさらに教育という価値を加えなければならない。つまり、知識を伝える能力である。選手が主体的に取り組み、技術的な能力を伸ばすことができるようにするために、どのような言葉や練習が必要なのかを考えなければならない。

指導者は、運動の力学、練習のプログラミング、習得の段階の踏み方において有能なだけでは不十分だ。選手の話に耳を傾け、寄り添い、成長をサポートする能力も必要だと考える。

また、選手の年齢によって、技術習得の形態は異なるという。

技術的な動きに求められるのは、理論的な完璧さではなく効率性だ。ある程度の年齢の選手を指導する場合、彼らがすでに身につけ、何年もかけて自動化してきた技術的な動きを完全に変えようとするのは絶対に非効率だ。指導者は、観察することを通じて、選手が短期間で技術を改善できるように、動きを適応させる方法を見つけなければならない。

監督には技術開発の創造性も必要だと述べる。ブロック技術《グーブロック》は、ブラン監督が開発したものだった。

ときには、戦術的な必要性を満たすための技術を考案する。完成されたブロックに対処するための重要な攻撃的戦術は、相手の手の上部を狙ってアタックするというものだ。技術的にはブロックアウトと呼ばれる技術である。この攻撃的戦術に対抗するため、日本を含むいくつかのチームは、ブロックの腕を引っ込めて相手が打ったボールがコートの外に出ることを期待する個人的戦術を取り入れていた。

たしかにこの戦術は効果的だが、アタッカーがコート内に打ってきた場合、後衛で守っている選手が解決策を見いだせないという欠点もある。ブロックアウトを狙って打たれたボールを観察していると、相手のアタッカーの主な標的が指先であることに気づいた。

そこで私は選手たちに、こぶしを握ったままブロックするという画期的なテクニックを使うことを提案した。腕とこぶしが残るため、ブロックによるコートのカバー力を保つことができる、指先を隠すことによって、相手に高いボールでブロックアウトを決められる回数が制限される。

私は深津旭弘と石川祐希がこのテクニックを成功させたのを見たとき、とても誇らしく思っていたことを告白する。

この「グーブロック」は、海外メディアでも話題になった。日本選手の漫画のようなプレーが、世界中のバレーファンを興奮させ魅了している。

ひとくち解説

リベロが設立されたのは1998年である。ブラン監督は1991年に選手としてのキャリアを終えていた。当時、カンヌで監督をしていたが、リベロができそうな選手がいなかったため、10キロ減量して自分が担当した。そして1999年の欧州カップで古巣のクーネオに勝利して優勝した。ブラン監督は、セッターとリベロの経験がある人は監督になるのに有利だと述べた。

6

フィジカルトレーニング指導の学び方

重要なのは、基礎を理解し、フィジカルトレーナーと意見交換ができるようにすることである。

ブラン監督は、フィジカルトレーニング指導も勉強したのだろうか?

私は自分の身体でフィジカルトレーニングの実験をし、いまでも筋肉組織を維持し続けている。筋緊張を保ち、身体を制御し、関節を保護することがその保証となる。

フィジカルトレーニングは、何よりもまず、身体を健康に保ち、ケガを防ぐための手段である。もちろん、トップレベルのアスリートは、同時にフィジカルの質を向上させ、パフォーマンスを最適化することを目指す。

ブラン監督は、フィジカルトレーニングは専門的な分野であると考え、信頼できるスタッフに任せている。しかし、監督というのは基本を理解している必要があるという。

フィジカルプログラムは、年齢、ポジション、筋肉の特性を考慮しながら、個人に適応させなければならない。私はモンペリエ大学でフィジカルトレーニング工学の学位を取った。そして幸運にも、フランスではジャン・サンジュ、日本チームでは村島さんといった非常に優れたフィジカルトレーナーたちと一緒に仕事をすることができた。

フィジカルトレーニングは専門職であり、個々の選手に合わせなければならない非常に難しい仕事だ。監督として重要なのは、基礎を理解し、フィジカルトレーナーと意見交換ができるようにすることである。大会という最重要イベントに向けて、選手たちをよいコンディションに持っていくためには、それができなければならないのだ。フィジカルトレーナーは、トップレベルのチームに不可欠なスタッフである。

7

マネジメントの学び方

経験から避けたい、あるいは逆に活用したいマネジメント行動について、土台となる考えを導き出した。

ブラン監督は、マネジメントについて体系的な勉強をしたことがあるのだろうか？

マネジメントに関して私が修めた理論的学問は、リモージュ大学の一般経営学の修士号だけだ。

ブラン監督は、マネジメントについて本から学ぶことは本当に可能なのだろうか？と疑問を投げかける。概念を身につけるためには理論が重要であることを認めつつ、能力を身につけるためには経験が欠かせないという。

ＩＢＭに勤めていたときは係長たちから、クラブやフランス代表チームにいたときは私を指導してくれたさまざまな監督たちから、それぞれ異なるマネジメントを受けた。私はそこからマネジメントというものを学んだのだと思う。

ポジティブな経験とネガティブな経験があった。私はこれらの経験から避けたい、あるいは逆に活用したいマネジメント行動について、土台となる考えを導き出した。指導者としての個人的な経験からも学んだ。フランス代表チームのアシスタントコーチとして、私の下で仕事をしたカナダ出身のグレン・ホーグ（のちのカナダ男子代表監督）は、自分のクラブの選手たちの個人評価をよくやっていた。そして私は、選手たちが自分のパフォーマンスをよりよく理解するために、この慣習を一般化する必要性を理解した。

さらに、指導者として経験を積むとともに、決断することやそれを評価することの重要性を認識したという。

私は時がたつにつれて、問題に直面したときに行動を起こす必要性も理解するようになった。問題解決は待ってくれない。未解決の問題は、常に最悪のタイミングで再び現れるものだ。

問題に飛び込んでいってはいけない。時間をかけて決断を下すために必要なすべての情報を収集することが重要だ。しかし、決断しなければならない。

その一方で、振り返るのに妥当な時間が経過したとき、自分が下した決断を評価し、その影響を理解することも非常に重要である。このような個人的、あるいは共有されたフィードバックは、将来の決断にとって不可欠な経験の蓄積となる。

8 トップクラスの監督に必要な資質

最も重要な瞬間に正しい決断を下すことができるように、感情を管理する能力があるかどうかである。

トップクラスの監督に、情熱が必要なことは言うまでもないだろう。ブラン監督は、自分自身についてこう語っている。

選手時代に続き、指導者としても自分のスポーツに情熱を持ち続けた。教えることは、私の行動にとって非常に重要な要素になった。自分の技術と教育を補完するマネジメントの能力を開発し、トップクラスのチームがパフォーマンスを発揮できるコンディションをつくり出すことに努めた。

経験を積んでからは、グループ・**ディナミック**とパフォーマンスをより効果的にマネージしようと努めている。その実現に向けて、他者への理解やコミュニケーション力の向上を追求することに、大きな喜びを感じている。

一般的な話として、トップクラスの監督に必要な資質についてはこう述べている。

トップレベルの指導者の目標は、チームを管理し、パフォーマンスを発揮するためのコンディションを整えることである。選手とグループの成長を促さなければならない。競争に直面する選手やチームのニーズを理解する能力が求められる。プロジェクトを成功させるために必要な練習のプログラムのつくり方も知っている必要がある。指導者に不可欠なスキルは、観察である。試合、そして自チームの選手や対戦相手の行動の細部を察知できなければならない。こうした観察から身体的、技術的、戦術的、精神的な面において、何をすべきかを推測しなければならない。

彼はさらに、人間的資質の重要性を強調し、仕事に対する、あるべき姿勢についても語った。

指導者は、プロジェクトのリーダーとなり、チームの支持を得ることができるような人間的資質を備えていなければならない。選手たちのニーズを理解できるだけの心理学を持っていることが不可欠だ。

チームを率いるだけでなく、インスピレーションを与えるような教育者であり、コミュニケーターであるように、努力しなければならない。

自分の仕事に情熱を持ち、完全にコミットしていなければならない。選手たちにサーブレシーブやディフェンスの練習をさせるため、自分が台に乗ってボールを打ちこまなければならないときは、それができなければならない。指導者は自身が効率的であり続けるために、常に進化していなければならない。

最後に、優秀な指導者と偉大な指導者の違いについて説明した。

その違いを生み出す決定的な資質とは、最も重要な瞬間に正しい決断を下すことができるように、感情を管理する能力があるかどうかである。

ひとくち解説

ディナミック：dynamique

ブラン監督がよく使う言葉。名詞としては「勢い、エネルギー、力学、動力、推進力」、形容詞としては「動的な、活動的な、精力的な」を意味する。日本ではダイナミクスやダイナミックという英語で表現されることもある。音楽用語ではイタリア語でディナーミクといい、音に強弱をつけて曲に起伏をもたらす処理を指す。

第3章

チーム
プロジェクトの
つくりかた

1

チームコンセプトの決め方

ポジティブなディナミックをいち早く生み出すための練習を選択する必要がある。

ブラン監督は2017年にコーチとして日本代表チームに招聘され、「プロジェクト 東京 2020」を策定した。東京オリンピックは2021年に延期されたが、プロジェクトの名前はそのままだ。

当時の男子バレーは、自国開催のオリンピックを前にして危機的な状況であった。メダル獲得は難しいとしても、好成績を収めなければますます注目されなくなってしまう。結果、1992年に6位となったバルセロナオリンピック以来、29年ぶりにベスト8入りを達成した。7位という成績を収めたことで、このプロジェクトが優れていたことが証明された。

ブラン監督は、待ち望まれていた日本男子バレーの中興の祖であるといえる。危機を救ったプロジェクトは、どのような考えのもとでつくられたのだろうか？　ブラン監督はこう答えた。

若い監督が最初にやってしまいがちな過ちは、事前に練習計画を策定せず、指導の場へと直行することだ。早くコート上で監督としてふるまいたいのはわかる。しかし、練習計画の練り上げは、トップレベルのパフォーマンスを達成するためのビジョン、およびプロジェクトの結果としてのみ成り立つものだ。

プロジェクトの前提となるビジョンは、慎重に設定される。

ビジョンを形式化すると、チームの冒険に意味を与える。それは現実的で、具体的で、系統的な研究の成果でなければならない。それは、チームを取り巻くすべてのエネルギーに対して触媒のような働きをし、将来の決断に意味を与えるべきものとなる。

ブラン監督によれば、全く新しい環境で効果的なプロジェクトを策定するにあたり、まず制約条件を見極めることが重要だという。

私が日本代表のコーチに選ばれたのは、代表チームでの指導実績とプロジェクト・マネジメントの手腕が評価されたからだと思う。イタリアとポーランドにいたことからも、海外勤務の適応能力は証明済みだった。

しかし、大陸を変えて日本に来ることは、また別の挑戦だった。私はまず、任務にふさわしいプロジェクトを策定するためには、時間をかけてあらゆる制約を発見し、機会を見極めなければならないと考えた。その任務とは、男子バレーボールチームを世界のトップ8に導くというものだった。

ブラン監督は、初年度から結果を出さなければならないと考えていた。プロジェクトを率いる者として、早い段階で信頼性を確立しなければならないからだ。初年度は自分で選手を選ぶことさえできなかった。したがって、目の前のリソースを最適化することに注力した。

私は自分の考えを次のように整理した。

・短期および中期の目標とゲームプランについて、周囲が私とチームのマネジメントに何を期待しているかを理解すること。そして、変革にブレーキをかける可能性があるバレーボールの文化や伝統をより深く理解するために、私を手伝ってくれる人材を探す。

・チームの将来目標に合致するように、競争相手との関連において選手を評価すること。この評価の目的は、選手の資質に応じて短期のゲームプランを抽出するだけでなく、チームが必要とするさまざまな役割において才能のある人材を発見することである。東京オリンピックでのパフォーマンスは、長期的なプロジェクトとみなすことができる。しかし、若手を高いレベルへと育成するとなると、4年間という期間は中期的なプロジェクトだ。もし若い選手をチームに加えるとすれば、すぐに取りかからなければならない。

・個々の選手とチーム全体を成長させるための手段とニーズを明確に評価すること。

プロジェクトを遂行するためには、私を補佐できる能力を持ったスタッフをつくる必要がある。新しい才能を育てるためには、ほかのバレーボール関係者と協力する必要がある。

- プロジェクト東京2020を選手やスタッフ、日本のすべてのバレーボール関係者と共有すること。全員で協力し、プロジェクトの成功に向けて全力でエネルギーを注ぐことができるように、コミュニケーション方法を整理して理解する。
- チームマネジメントに関する決断は、私が自主的に行うこと。日本が最高レベルに近づきたいのであれば、自分たちのバレーボールを最適化し、最高の人材を育成しなければならない。短期間で、すべてのパフォーマンス分野において競合と競うことは不可能である。初年度から、ポジティブなディナミックをいち早く生み出すための練習を選択する必要がある。

2
目標の設定と管理

選手たちが、やらなければならない練習と設定された目標との関連性を視覚化できなければならない。

プロジェクトを策定したあとは、目標を設定して管理していくことが重要になる。ブラン監督は、プロジェクトのビジョンと目標とを混同してはならないと強調する。

目標は、プロジェクトを実施することによって生まれるものにすぎない。目標は、プロジェクトにかかわるすべての人にとって同じとは限らない。マネジャーは、目標というものを、メディアやスポンサーの注目を集めそうな広告として見なしがちである。監督としては、シーズンの終わりに失望しないように、彼らを現実に引き戻し、熱意を抑えなければならない。それは野心の欠如によるものではない。

シーズン2021が始まり、中垣内監督が東京オリンピックの目標を掲げた。それは「1次リーグ突破」であり、「メダル獲得」ではなかった。チームの目標がメダル獲得ではないことに、もどかしい思いをする選手もいた。2019年のワールドカップで、1991年同大会以来、28年ぶりに4位という成績をあげていたからだ。

選手たちは、シーズンの始めには残念な気持ちだったかもしれない。東京オリンピックでプールAに入った日本は、まずベネズエラに3－0のストレートで勝利。続いてライバルであるカナダに3－1で勝ったものの、イタリアに1－3、ポーランドに0－3で敗れた。カナダがイタリア相手に2－3と善戦し、勝ち点1を取っていた。日本が6チーム中上位4チームに入るためには、1次リーグ最終戦でイランに勝たなければならなくなった。アジアチャンピオンであるイランとの接戦を3－2で制し、1次リーグを3位で突破した。

実力が拮抗していたカナダとイランにしっかりと勝つことができたのは、チームが現実的な目標を掲げたこと、全員がそれを受け入れ一致して戦えたからだろう。選手たちは準々決勝でブラジルに力の差を見せつけられ、目標が妥当であったことを実感したはずだ。ブラン監督は、目標の設定のしかたについてこう述べている。

私たちは目的を達成するために目標設定する。この目的はエキサイティングで、現実

的で、達成可能でなければならない。想定された目標は日々の原動力となるが、選手たちが達成できないと思えば、やる気を失わせる原因になりかねない。

たとえばプロジェクト パリ2024で「世界のトップ4を目指す」という志を掲げるが、最終目標であるオリンピックでメダルを目指すかは、そのシーズンが始まってから決める。

プロジェクトのリーダーである監督は、目標を提案し、それを達成する方法を説明する必要がある。選手たちが、やらなければならない練習と設定された目標との関連性を視覚化できなければならない。現実主義と野心のバランスを見極め、決意を鼓舞するのが監督の仕事だ。

ブラン監督は、最終的には自分が目標を設定するが、そのまえに選手たちの気持ちを確認する。

最終的な決断を下す前に、私は選手たちの望みについて話し合い、理解するようにしている。目標をエキサイティングなものにするには、チーム全体で同じ方向を向くことが重要だからだ。

3 選手の選び方

最後の評価ポイントは、試合中の感情のコントロール能力だ。

ブラン監督は、選手選考を非常に重視している。人選によってプロジェクトの方針が決まるからだ。

プロジェクトの中心は人である。選手選考は、プロジェクトにおける重要なステップである。チームを構成する選手の選択により、以下のことが決定する。

- 練習の優先順位と想定する目標
- 短期または中期のパフォーマンスを達成するために想定するプレーのシステム。ただし、より長期の目標を見据えたビジョンを盛り込む

・競争相手との関係におけるチームの現状レベルの評価。同時に、将来の成長の可能性も考慮される

選手を選ぶとき、どのような要素を考慮しているのだろうか？　ブラン監督の個人評価は緻密なものだ。

グループメンバーの人選を最適化するためには、選手をよく知る必要がある。選手のテクニック、タクティック、フィジックを評価する。これは最も単純な作業であり、たとえビデオの前で選手たちを観察することに時間を費やすことになっても構わない。最も評価が複雑なのは、選手のメンタル、プシコロジック（心理的）な側面である。コミュニケーションやリーダーシップの面で、その選手がグループに与える影響をポジティブ、ネガティブ、ニュートラルに評価する。

また、システムの中で進化する能力を高め、スキルを向上させるためには、彼らの練習する能力、変化を受け入れる能力、適応力を理解する必要がある。

最後の評価ポイントは、試合中の感情のコントロール能力だ。重要な場面で冷静さを保ち、決定的な瞬間に試合に入って即座にパフォーマンスを発揮できる能力は、チームにおいて非常に高く評価される。

これらの評価基準はすべて、個人レベルで考慮される。各選手について可能な限り完全なテクニカルシートを用意するためだ。

4
選手の組み合わせ方

コミュニケーターや外向的な選手が多すぎると不協和音になり、内気で内向的な選手が多すぎると受動的な雰囲気になる。

各選手の評価が終わったら、次は総合的な観点で選手を選んでいく。ブラン監督がキーワードとするのは「補完性」である。それはプレーだけでなく、個性についても考慮される。

これは戦術的観点からも不可欠である。プレーシステムは、その有効性に必要な技術的要素がすべて考慮されて、初めて機能する。

日本代表の例で言えば、スピードをベースにした攻撃をしたくても、それを担うことができるサーブレシーブができる選手やセッターがいなければ、うまくいかない。

同じようにメンタル面でも、選手同士がどのように補完し合っているかを理解する必要がある。日々のグループ運営や、競争に立ち向かうために必要なグループ・ディナミックにおいてだ。

適切な個性の組み合わせが、チームに安定したバランスをもたらすことが不可欠だ。

・グループメンバーのコミュニケーション能力。グループ内にコミュニケーターや外向的な選手が多すぎると不協和音になり、内気で内向的な選手が多すぎると受動的な雰囲気になる。

・コート内外で監督の選択を伝えられるリーダーが1人以上いること。複数のリーダー的選手がいる場合は、その相性を確認する必要がある。2人のリーダーがチームの主導権をめぐって争うことほど危険なことはない。監督はすぐに態度を示し、問題を解決しなければならない。しかし、問題が予想されるのであれば、たとえ技術的、戦術的な資質が証明されていたとしても、2人のうち1人は選ばないという決断をしなければならない。

・野心的で血気盛んであってほしいが、困難に直面すると自信を失うこともある若手選手と、精神的に安定してほしいベテラン選手のミックス。後者は、若い選手たちの学びを促進するはずだ。私は、日本では必ずしもそうではないことに気づいた。年齢による序列の重みが、若い才能の成長を妨げてしまうことがあるからだ。

ブラン監督は頭の中で、試合前や試合中の困難な状況に対して、選手たちがどのように対処するかまでイメージする。

監督の資質とは、プロジェクトを制限したり頓挫させたりする可能性がある問題を予測することである。大会でパフォーマンスを発揮するためにチームをつくる。チームはどんなときでも、次のような「ストレスの多い」状況に対処する必要がある。

・大会が近づくにつれ、疑念や不安が忍び寄る。もちろん、監督はこうしたときにリーダーとして安心させ、自信を維持させなければならない。しかし、メンバーの絆の強さが、感情をコントロールする決め手となる。

・試合中。決定的なポイントを管理できることが求められる。相手が高いパフォーマンスを発揮しているとき、グループのディナミックが戦術的な解決策だけでなく、精神的な解決策をもたらさなければならない時間となる。

監督は、自分の編成しようとしているグループが、こうした状況にどのように対処できそうかについて、かなり明確なビジョンを持っていなければならない。もちろん、練習や親善試合で得た経験によって、チームとしての総合力が鍛えられていくはずだ。しかし、そのためには、個性の融合を進めることのできる人材が内部にいることだ。

ブラン監督は、選ぶ選手の数を抑制する。2024年5月のシーズン開始時の記者会見では、オリンピック前の大会であるVNLのために選ばれた選手が発表された。多くのメディア関係者やファンは、早めにメンバーを絞ったことに驚いた。ブラン監督はこう説明した。

プロジェクト パリ 2024の最終シーズン、その目的はチームの結束力をさらに高めることだった。選手たちがコート上で一体感を持ち、高いパフォーマンスを発揮できるようにするためである。

そのためには、個人的な選考の懸念に汚染されない少人数のグループが必要だ。選手数をチームに必要な人数に絞ることで、選手はグループのパフォーマンスを支える歯車となることに集中できる。選手を多く選びすぎると、1つのチームであるという本質を見失う。

第4章

最高の人材を育成する方法

1

自己開発プロジェクト

選手たちが楽しみながらスキルを身につけ、上達している感覚を持てること。

チーム全体のプロジェクトのつくり方だけでなく、選手一人ひとりの育て方についても、ブラン監督には明確な方針がある。指導者としてやるべきことを次のように説明した。

個人の成長を促進するためには、まず監督と選手がお互いに包み隠さず話し合えるような環境をつくらなければならない。相手をよく理解し、コミュニケーションを確立するには忍耐が必要だ。

マネジメントの第1原則は、聞く力を身につけることである。最初の面談では、向かいの席に座っている選手の考えをあなたが聞きたいと思っている、ということを相手に理解してもらうようにする。たとえ相手が、あなたにアイデアを提示してもらうことを期待していたとしてもだ。最初の段階で、その選手のチーム内での立場について、相手と自分に共通認識があるかどうかを確認しておくためだ。

つまり、選手自身が望んでいる立場に、監督が想像していた立場を照合するということである。監督から話し始めてしまえば、選手は率直な気持ちを言えなくなってしまう。だからまず聞かなければならない。さらにブラン監督は、最初の面談でやるべきことについてこう述べている。

マネジャーは、自分のテーマを完全に理解していなければならない。これまでプランを練り上げてきたはずだから、意見の対立を受け入れながらそれを説明することもできるはずだ。強い姿勢を維持しなければならないが、選手の要求が正当なものであったり、主張が試すに値するものであったりする場合は柔軟性を示す必要がある。

重要なことは、最初の面談が終わるまでに、選手がプロジェクトやグループにおける自分の立場を理解していることだ。

どうすれば自分が試合にもっと貢献できるのか？　自分を進化させるとチーム内での自分の地位がどのように向上するのか？　これらについて、なんらかのビジョンを持てるようになっていなければならない。

個人の目標とチームの目標の関係性については、このように述べている。

私の考えるマネジメントとは、個々のエネルギーを放出させると同時に、それを共通の目標へと向かわせることである。マネジメントは、選手のモチベーションを高めるものでなければならない。

したがって、あなたが策定した自己開発パフォーマンス・プロジェクトによって、選手たちが楽しみながらスキルを身につけ、上達している感覚を持てるようにしなければならない。

彼らはただプログラムに従うだけではない。監督がやるべきことは、個人面談を通じて、選手自らがパフォーマンスの主人公となり、意思決定が行えるように導くことだ。それは、自立心を持たせることにつながる。

ここで注意しなければならないことがある。プロジェクトを作成するときと同様に、選手を育成するときも優先順位をつけることが不可欠だということだ。ブラン監督はこのことを経験から学んだという。

多すぎるテーマ、多すぎる情報を提供してしまうと、選手はあなたの提案の重要なポイントを認識できなくなる。最初の段階で、監督は選手に自己開発プロジェクトのメリットを納得させ、そのビジョンを共有する必要がある。

それが日々の原動力となり、モチベーションとなる。成長というのはほとんどの場合、直線的ではなく浮き沈みがあるものだ。だからこそ、ビジョンを共有する。それは選手と交わした約束のようなもので、日々の生活を管理するのに役立つはずだ。努力すればできるという有能感と自分が成長しているという実感は、成功への決意を高め、戦いを受け入れるための第一歩となる。

2 チャンピオンの定義

あらゆる状況において、自分の感情をコントロールする術を知っている。

ブラン監督は、選手に自己開発プロジェクトの優先事項への集中を持続させるため、成果と感情を評価するための面談を実施する。スランプに陥っている選手に対して監督がやるべきことについて、次のように述べている。

選手が自分のプレーに迷いを感じているとき、多くの場合は困難や疑念を積み重ねたのが原因だ。本来のパフォーマンスの道へと戻すには、しっかりと話し合うこと。

ある日、私の友人のメンタルトレーナーが、ある選手の精神状態をかなり明確に視覚化してくれたことがある。その友人は、人間の頭の中には感情で満たされる秘密の箱があると考えていた。残念なことに、その箱はネガティブな感情ですぐにいっぱいになってしまう。私たちの仕事は、この箱をポジティブな感情で再び満たそうとする前に、有害な液体を抜いて空にすることである。

だからこそ、監督は常に選手たちを観察し、彼らの身体的コミュニケーションからサインを読み取って問題を発見し、箱がいっぱいになるのを防がなければならない。

ブラン監督はまた、選手たちにチームの一員であるということを意識づけている。

監督は、グループ全員のなかに高いレベルのモチベーションを生み出し、維持しなければならない。まず、一人ひとりに自分の強みを前面に出させる。それがチームを支えるものとなり、弱点を覆い隠すものとなる。チーム全体の強さを生み出すのは補完性なのだ。このことは、相互理解とパートナーシップの概念が重要であることを意味する。

さらに重要なのは、困難な局面でこそ、1人で戦っているのではないことを忘れてはいけないということである。ブラン監督は、次のように表現している。

一人ひとりの強みを前面に出すことによって、グループ・ディナミックが出現する。それは、単にチームが同じ目標に向かっている状態を指すのではない。チームパフォーマンスが弱い時間を乗り切るための力場（相互補完の領域）が生まれている状態だ。

ブラン監督は選手をどこへ導くのか？

監督の仕事は、個々のエネルギーを解放すること。私の役割は、彼らが責任を持ち、自立できるように指導することだと考えている。言い換えれば、責任を引き受けられるようになるほどの試合の知識を身につけさせることだ。

ブラン監督が考える選手の頂点とは？

困難な状況で解決策を見いだすために自分のパフォーマンスを評価できること、そして何より、どんな状況においても集中力を維持できること。つまり、チャンピオンになることだ。

ある日、私はすぐに納得できるチャンピオンの定義に出会った。偉大な選手（Grand

joueur）とは、高いレベルのフィジック、テクニック、タクティックを備えた選手のことである。チャンピオン（Champion）とは、「あらゆる状況において、自分の感情をコントロールする術を知っている偉大な選手」のことだ。

選手がそこに到達できるように挑戦することが私たちの仕事だ。もちろん忍耐強く、粘り強く取り組むこと、そして経験を積み重ねるために時間をかけることが必要である。自分の失敗や成功を評価し理解することで、自分のなかに試合経験が蓄積される。冷静に経験を分析し、将来への教訓を引き出すことができれば、選手は必ず利益を得ることができる。逆に、得点やミスによる失点が、ポジティブまたはネガティブな感情を生み出すだけのものであれば、将来のパフォーマンスへの恩恵はゼロになる。

専門家でない選手にとって、分析を1人で行うのは難しい。監督は、分析能力を身につけさせる手助けをしなければならない。これは自立心を育てる方法でもある。

ブラン監督は理想を述べた後、真実の残酷さに触れた。

しかし、ときには現実的になって、誰もが偉大な選手やチャンピオンのレベルに到達できるわけではないことを受け入れなければならない。

強いチームの定義 3

グループ・ダイナミックをより活性化させるような主要リーダーが必ず存在する。

ブラン監督は才能だけで選手を選ぶわけではない。

非の打ちどころがないほどの努力や献身ができても、才能が足りないためにそういう選手になれないこともある。このような選手は、私たちができる限り高いレベルに引き上げるために時間を捧げるに値する。多くの場合彼らは、グループ内における優れたパートナーである。

一方、才能はあるが、自分の成長にエネルギーを注ぐ準備ができていない選手もいる。このようなタイプの選手に時間を費やすことは、無駄になるので避けたほうがよい。こういう選手には、いずれ期待外れであったとがっかりさせられる。そしてチームの足を引っ張るだろう。

ブラン監督は、強いチームの特徴についてこう述べた。

グループ・ディナミックのこうしたエネルギーは、普遍的なゲームプランの中に統合される必要がある。強いチームには、グループ・ディナミックをより活性化させるような主要リーダーが必ず存在する。

しかし、そのリーダーの周りには、相性がよいだけでなく、試合中に自分で決断を下せるような選手たちがいなければならない。

そういうわけで、チームとは一人ひとりが強みを発揮しなければならない場所であり、「生命体（entité vivante）」なのである。それは、単純な選手のリストで表すことができないものだ。

ひとくち解説

entité vivante「アンティテ・ヴィヴァント」

生命体。生き物。生きた存在。

Vivant（e）は「生きている」という意味の形容詞。

Entitéは「実体」という意味の名詞。それ自体は具体物として存在しないが、1つの抽象的な実体として観念されるもの。

コラム　感情の管理のしかた

感情を管理する方法を学ぶには、経験が重要だ。参考になる話をするとすれば、選手はアドレナリンと緊張を放出するアクションをすることが可能だ。しかし、監督にはそれができない。監督が不安定になることを避けるためにできる唯一の方法は、どんな出来事にも驚かないようにすることだ。あらかじめ、試合で直面しうるすべてのシナリオを頭に入れ、戦術的あるいは人間的な解決策を準備しておく必要がある。

重要なのは、アクションと解決策に集中し続けること。バレーボールの戦術は複雑であり、自チームに困難な状況を克服するためのテクニック、タクティック、あるいはフィジックのリソースが足りないこともある。そういうときは我慢しなければならない。監督にとって最も危険なのは、自分の選択を疑うことである。迷いのトンネルに入った監督は、直接失点することはないがチームにとってポジティブな要素にはならない。試合展開は速いので、素早く反応しなければならないが、焦ってはいけない。

試合前は、深呼吸をすることでストレスを和らげることができる。私は30分間サックスを吹いてみたことがあるが、リラックスして緊張がほぐれた。試合中は、選手であっても監督であっても、チームメイトやスタッフに助けを求めることを躊躇しないことが大切だ。多くの場合、仲間の優しい言葉や眼差しが救済策となる。

第 II 部

ふつうのチームが世界最高のチームになるまで

第5章

プロジェクト東京2020

1

プロジェクト東京2020の策定

最高レベルのチームを組成し、初期リソースを最適化する。

私は来日前に、初年度のプロジェクトを提案した。まだ日本のバレーボールの現実に溶け込んでいなかったたため、それは完成されたものではない。根本的な考え方は次のようなものだった。

プロジェクトの組み立て方

・既存のチームそれ自体と、競争相手に対する相対的なレベルを評価し、テクニックとタクティックにおける成長の軌道を予測する。

・最高レベルのチームを組成し、初期リソースを最適化するという基本を尊重したプログラムを設定する。

主要な方針

・現在代表に選出されている選手のパフォーマンスを最適化する（体つき、プレーの系統）。それはチームにディナミックを生み出すためである。
・今後のゲームプランおよびテクニック、タクティック、メンタルにおける変革について、主要な関係者を説得する。
・新しい才能の出現を促し、チームのポテンシャルを高める。

そして、より具体的に、カテゴリーに分けて方針を示した。

フィジック面

スピードが重要な要素だと考える。しかし、非常にエネルギッシュなスタイルでプレーするためには、最適な疲労回復能力を持ち合わせていなければならない。また、最優先事項ではないが、パワー面での差を縮める努力も必要だろう。トレーニングの習慣を見極め、意識改革すべき点を把握するために、やるべき評価作業はたくさんある。

メンタル面

ファイティングスピリット――すなわち闘争心は、私たちのチームの武器でなければならない。それはすべてのボールに対して、戦う能力を印象づけるに違いない。とくにディフェンス、カバー(主なものとしてブロックフォローがある)、トランジションプレー(攻守の切り替えを展開するプレー)に表われる。

ファイティングスピリットは、チームの内部にとって非常に価値のある姿勢であると同時に、ファンにとって誇りの源となるものである。このプレースタイルを実現するには、効果的なトランジションプレーが求められる。大幅な意識改革を行い、型にはまらないアクションを管理できるようになる必要がある。たとえばプッシュやブロックアウトであり、それらはときに反則でもおかしくないギリギリのプレーである。

「自分を鍛えるようにプレーする」とは、日々のトレーニングにおける重要な要素が激しさ、決心、グループ・ディナミックであることを意味する。しかし試合のときには、肉体的にも精神的にもフレッシュな状態でいる必要がある。それが実現できているということは、練習量と疲労回復の配分がよいことを意味する。私たちは練習の効果を追求しなければならないが、それは必ずしも練習量と同義ではない。

攻撃面

世界の主要チームと比較して、身体的能力に制限があるチームが、極めて効率的なサイドアウト（サーブレシーブをする側となったときに得点すること）を実現できないことなど想像できるだろうか？　私たちのチームは、国際レベルの主な競争相手と比べると、身体の形態に不利がある。サイドアウトの出来が、トップレベルに到達するための決定要因となる。

大きくてパワーのあるアタッカーがいない場合、効果的なサイドアウトの鍵となるのは、攻撃のバラエティ（多様性）だ。私は、１９６０年代の日本が速いトスを発明して、攻撃の先駆者となっていたことを思い出した。私たちは、その創造性をよみがえらせる必要がある。この攻撃のバラエティを獲得するための決定要因は、次のとおりだ。

①才能あるセッターの出現

スピードと相手ディフェンスへの適応を基礎としたプレーができることに加え、責任を持ちリーダーシップを発揮できるセッターのことだ。才能あるセッターなくして偉大なチームはありえない。1960～70年代、日本の偉大さは、世界一のセッターと称された猫田勝敏によるところが大きかった。才能あるセッターは、次のような資質を備えていなければならない。

- バックトスのための肩の柔軟性、フロントトスのための手首のスピード。長いトスを上げられる上肢の強さ、持久力、移動のスピード
- 軌道の精度を保証するトス技術
- 自分の感情を管理し、パートナーを理解するための卓越したメンタルとリーダーシップ
- 鋭い観察力と磨き上げたゲーム勘

②セッターが攻撃のバラエティを最大限に活用できるサーブレシーブの質

日本は、サーブレシーブの技術で世界のリーダーになるという目標を持つ必要がある。そうすると必然的に、世界最高レベルのリベロのひとりを持つことになる。日々のフィジックとテクニックの練習において、この技術を身につけるための取り組みは、優先事項である。

③スパイクコースの打ち分け、相手ブロックの利用といったアタッカーの個人的戦術

④攻撃状況が最小限になったときでも、プレーの継続性を確保できるようなカバーシステム

守備面

私たちはブロック力が限られている。したがって、相手の攻撃状況を最小限に抑えるようなサーブ力によって、自分たちのパフォーマンスを補わなければならない。すなわち、攻撃枚数を減らし、アタッカーが打ちづらいような状況を生み出すサーブだ。

サーブレシーブは、中ぐらいのレベルのチームの弱点であることが多い。強力なサーブに加え、ショートサーブなどの戦術的サーブや攻撃的フローターサーブを駆使し、ライバルの弱点を突く必要がある。

フローターサーブを攻撃的なものにする。レーダーの周波数をもとに速度を算出するスピードガンを使って、時速70㎞のフローターサーブを打つ能力を開発しなければならない。

相手の最小限の攻撃状況に対して、私たちは現時点でのブロック力に適応したブロック・ディフェンス・システムでパフォーマンスを発揮できるような条件を整える必要がある。相手アタッカーにプレッシャーをかけるために、ブロックとバックディフェンス（フロアディフェンス）の補完性を高める。私たちのブロックは、私たちのストロングポイントであるバックディフェンスが、さらによいパフォーマンスを発揮するための条件を作り出さなければならない。ブロックの上から打たれたボールや、ライン上に打たれたボールに対するディフェンスの仕方、フェイントの処理などをしっかりとマネージする必要があるだろう。

バックディフェンスが機能すれば、次の段階としてそれを得点に結びつける効果的なトランジションアタックが必要となってくる。効率的トランジションにおける攻撃システムは、パワーだけでなく、相手ブロックの管理をベースにしたものとなる。

ここがポイント

ブラン監督は、日本のストロングポイントとウィークポイントを把握し、前者で後者を補完する方針を提示した。セッターとバックディフェンスを進化させ、海外チームと比較してフィジカル面に弱い日本チームのブロック力不足やパワフルな大型アタッカーの不在を補完する。この方針は、初年度の結果を出すのに最適なものだった。ブロック力というウィークポイントに本格的に手をつけるのは、もっと先の話だ。

2

シーズン2017

シーズンを分析するとしたら、「満足」という言葉を使うだろう。

プロジェクト策定の重要なステップである選手選考は、私が来日する前に行われていた。代表登録メンバー29人のうち、7人がケガでプレーできなかった。なぜ入れ替えないのかと尋ねると、すでに報道陣に発表されたリストを変更することはできないということだった。FIVB（国際バレーボール連盟）に選手リストを提出する期限よりもかなり前のことである。私は、このリストには政治的な要素が多く含まれているため、期限までは何も公表しないほうがよいということを理解した。

コーチ就任1年目のシーズン、すなわち最初の国際的なシーズンを分析するとしたら、「満足」という言葉を使うだろう。その理由は次のとおりだ。

得られた結果

・世界選手権2018の出場権獲得（アジア予選をプール1位で突破）
・アジア選手権（インドネシア開催）で優勝
・ワールドリーグ（翌年からVNLとなる大会）でグループ2のファイナリスト（スロベニアに次いで2位）

修正できた点

・国際大会シーズンのスケジューリングにおいて、ケガ人の数を抑えるため、練習量と疲労回復の配分を改善
・大会のペースに合わせるため、時間を短くし強度を上げるトレーニング法を採用。一人ひとりをしっかりとケアするため、チーム内の選手数を制限
・プレースタイルと大会におけるマネジメント

こうした改革は実を結んだ。私たちはプロジェクトに前向きなディナミックを生み出した。私たちは、中央エリアからの突破を基本としたプレースタイルが浸透したことを確認できた。これが質の高いサイドアウトへの道である。

サーブが効果的だった。柳田将洋のスパイクサーブがチームのパフォーマンスを向上させたことは、言うまでもない。それに加え、攻撃的フローターサーブが機能した。藤井直伸、李博、山内晶大、柳田将洋、石川祐希といった何名かの選手の台頭、あるいはパフォーマンスを確認できた。

しかし、私たちは冷静にならなければならない。我々は強豪国のレベルには達していない。ワールドリーグのグループ2の決勝でスロベニアに0－3で敗れたことや、グランドチャンピオンズカップ（名古屋・大阪で開催）で全敗して6位となったことからも明らかだ。私たちはまだ東京2020で準々決勝に進出、すなわちベスト8入りできる状態にはない。プロジェクトにおいて、達成できていない点がいくつかある。

・サーブレシーブとバックディフェンスの質が、期待するレベルに達していない
・とくに強豪との対戦において、トランジションやハイボールの攻撃パフォーマンスが、きっちりそろったブロックを前にしたときによくない
・ブロックパフォーマンスの欠如

私は、これを踏まえて翌シーズンの方針を定めた。

ディナミックを維持することは、それを生み出すことよりも常に複雑だ。その主な理由は単純だが、実践するのは難しい。変化を追求し続けるために、冷静さと勇気を持たなければならない。

私が採用されたのは、海外（イタリアとポーランド）での経験から、自分の分析や行動を環境に適応させ、成功の条件を作り出す方法を知っている経験豊富なコーチだからだ。

2年目のシーズンでは、以下の点で、いくつかの重要な決断を下さなければならない。

①主力選手の短期的なパフォーマンスを最適化することを目的とした練習

②日本代表チームが必要とする選手の育成を目的とした、セカンドグループの育成プログラムは、次のポジションについて求められる

a エースアタッカー（オポジット）
b ポジション4（フロントレフト）のアウトサイドヒッター
c リベロ
d ミドルブロッカー

③選手選考

ナショナルチームの監督として成功するには、明晰さ、現実主義、そして勇気が必要だ。

試合でパフォーマンスを発揮するための、チームが拠りどころとする重要な要素やパフォーマンス要素についてのビジョンを持つには、状況をよく分析しなければならない。それには明晰な頭脳と、現実的な判断力が必要だ。

チームのために有益だと考えるが、一般的な考えとは相容れない決断を下す勇気。私はこれまでの指導キャリアの中で、チームのために知名度の高い選手やカリスマ性のある選手を外さなければならないことがよくあった。メディアや政治的な事情によるプレッシャーに対抗することの難しさは承知していた。しかし、自分自身の選択を尊重し、責任を取る覚悟がなければ、勝利を望むことはできない。

個人のリーダーシップとメンタルの強さ、そしてグループの結束力とディナミックは、パフォーマンスを左右する決定的な要素である。これらは選考過程で考慮されるべき要素である。

個々のメンタル面に関して、選考の重要なポイント

チームの階層における選手の立場。日本の伝統の掟を変える必要がある。年齢や年功を支配的な立場になることの基準にしてはならない。選手がチームにもたらすパフォーマンス貢献、エネルギー、決断力こそが優先されなければならない。グループの各メンバーが力を発揮できるように、最適な状況を作り出すのがスタッフの役割なのだ。

2017年にキャプテンを務めたのは、経験豊富な控えのセッターだった。しかし、正セッターである藤井直伸が攻撃システムのリーダーシップをもっと取りやすくするためには、この状況を変えざるをえない。

・選手一人ひとりが競技者として、メンタルのコントロールを身につけられるかどうか。困難な状況に対処すること、相手のパフォーマンスに対する解決策を見出すこと、セット終盤の重要な場面に影響されたりストレスを感じたりしないこと。これらはすべて、私が選手たちと個別に取り組んでいかなければならないポイントだ。メンタルの資質は生まれつき持っているものではなく、育てていかなければならないものだ。大変な作業である。

・グループの結束力と強さという点では、全員がチーム内で果たすべき役割を担っている。卓越したパフォーマンスを達成するためには、戦術面でも心理面・身体面においても、個人が環境を使いこなす必要がある。シーズン前、私はこのニーズの大きさを認識していなかった。シーズン中に行った個人面談は、ニーズと必要な解決策をより明確にするのに役立った。これからは、内部のコミュニケーションをより的確に促し、強化していかなければならない。とくにキャプテンがつなぎ役となるケースにおいてだ。

・効果的なグループ・ディナミックとは、チームがうまくいっているときに喜び合って勢いをつけることだけでなく、困難な状況や相手からのプレッシャーへの対応において、チームの潜在能力をフルに発揮することである。つまり、集団で不安と戦い、個々の強みから力を引き出すことなのだ。

シーズン2017の総括

私にとって、非常に学びの多い年だった。このプロジェクトを妨げる可能性のある障害を理解することができた。

私は、プロジェクトをさらに円滑に進めるために、リーダーシップを発揮して必要な決断を下せるようになる必要があるだろう。以下が主なテーマとなる。

・選考プロセスを進化させ、より高いパフォーマンスを実現するためのグループ・ディナミックを生み出す
・トップ10のチームと戦えるよう、プレーシステムの開発に取り組む
・個々の選手が大会のプレッシャーに対処できるように、メンタル力を高める手助けをする

ここがポイント

このように、初年度から充実したシーズンとなった。ブラン監督はすでに選ばれた選手たちの特徴をつかみ、チーム編成を最適化することに成功したといえる。しかし翌シーズンは、このポジティブなディナミックを維持しつつ、改革もしなければならないという難しいシーズンになる。

3
シーズン2018

あの勝利は、選手たちにパフォーマンスに対するメンタルの重要性を認識させるのに非常に役立った。

世界選手権、トップ8を目指して

世界で最も厳しい大会だ。私たちのチームにはまだ最高レベルでの経験がない。このことは、経験としてこの世界選手権の予選を通過することの重要性を裏づけていた。結果として、東京オリンピックに向けた取り組みを促進するものとなる。

チームの目標がこの世界選手権のベスト8入りであると聞いたとき、私は正直難しいと思った。大会の形式やトップ8とのレベル差を考えれば、実現不可能だった。

この大会では、日本が地元イタリアの開幕戦の相手に選ばれた。会場はローマの屋外スタジアムで、傾斜の激しいすり鉢状の観客席に囲まれた特殊なコートでプレーしなければならない。インドアの国際試合ではめったにないことだ。

大会が始まる前、私は選手たちにこう言った。

「バレーボールの世界選手権という素晴らしいイベントに参加する機会を得た。しかも、この名誉ある大会のオープニングを飾る特別な試合に選ばれたのだ。このスタジアムで開幕戦を戦うのは、比類のない体験だ。

5カ月以上待ち望んでいた試合を体験するときが来た。

『自分の弱さを恐れたり、能力を疑ったりするのはもうやめよう』

無理をせずに、自分の資質を信じる時だ。代表チームでの5カ月を経て、新しい選手になったんだ。大会のプレッシャーに負けて、これまでのトレーニングで培ったすべてを忘れてしまうようなことはない。

お互いに助け合い、必要なときにはパートナーを頼り、効果的なプレーをするためのシステムを構築するときだ。

私たちが知的で気配りができ、その資質を決意と情熱に結びつけることができれば、大会がいつ終わろうとも、私たちはジャパン２０１８の一員であることを誇りに思うだろう」

最後の一文は、トップ8に入るという目標を打ち消すためのものだった。この野心的な目標が、重要な試合で緊張を生む危険性があったからだ。

予選を突破できず……

実際、この目標が達成されなかったために、世界選手権の最後には職を失うところだった。ＪＶＡ（日本バレーボール協会）は監督、ひいてはスタッフを継続させるかどうかを議論した。幸い、私はＦＩＶＢコーチング委員会の委員長としてメキシコのカンクンでの総会に出席し、当時の会長と話をすることができた。私は、東京大会の目標を達成するため、どうやってチームを成長させているかを説明した。世界選手権では目標が現実的ではなく、うまくいかなかった。この敗退はすでに成し遂げていることの評価としてはふさわしくないということを理解してもらった。

小野寺太志、西田有志、関田誠大といった新しい選手たちを統合し、質の高い練習の雰囲気を持つ、団結したグループをつくり上げたことは間違いない。

福澤達哉のグループへの貢献は、経験という点でも大きい。彼の姿勢は常に前向きで、プロジェクトの中心的存在として、真剣さと決意に満ちた練習の雰囲気づくりに日々貢献している。それは、グループ全体の責任能力を高めるのに貢献した。

もちろん、到達すべきレベルにはまだ遠い。石川祐希は腰の故障のため、準備不足のままこの大会に臨んだ。しかし、彼はこのレベルの大会で経験を積むためにプレーする必要があった。

チームが失点するとすぐに、勝つ能力に対する疑いが生じる。私たちは、自分たちに欠けている「いやらしさ」を感じさせるような積極的な攻撃性を身につける必要がある。弱点を手放すことができないでいる。一般的な傾向として、強みよりも弱点に目を向けがちである。それが自信のなさにつながり、戦術を無効にしてしまう。

アルゼンチン戦の勝利

アルゼンチン戦では、3－1以上で勝利すれば、次のラウンドに進むことになっていた。私たちのチームは、優れたセッターがいるチーム相手に1試合で7本のブロックを決めた。この試合は我々のポテンシャルを示しているが、同時に限界も浮き彫りにしている。

1次リーグ敗退が決まった直後、第4セット、第5セットはパフォーマンスの質が格段に上がった。第3セットでは、選手たちの緊張が伝わってきて、チームのパフォーマンスが明らかに制限されていた。成功しないことを恐れていた。うまくいっていないというストレスが、明らかにパフォーマンスに悪影響を及ぼしている。しかし、その最後の試合でアルゼンチンを破った。あの勝利は、選手たちにパフォーマンスに対するメンタルの重要性を認識させるのに非常に役立ったと私は思っている。

私はまた、石川祐希がチームに必要なリーダーになれるかもしれないという考えを持ってこの大会を終えた。そのためにはまず、石川祐希が自分のパフォーマンスを継続させ、困難な局面に対処できるようにならなければならない。

ここがポイント

世界選手権の開幕前日、開幕戦が行われる屋外のコートで練習していたチームからは、主力選手がケガをしていたこともあり、緊張や不安が伝わってきた。ブラン監督は淡々としていたが、それはおそらく選手のメンタルへの影響を気遣ってのことだった。屋外で試合をしたことがあるかと聞くと、「ここであるよ」と気さくに答えてくれた。

コラム

２０１８年世界選手権１次リーグ　vsアルゼンチン戦を振り返って

世界選手権２０１８最終戦の直後、ブラン監督は「残念ながら次に進めなかったが、今夜は満足している」とコメントした。

２０１８年9月18日、イタリアで開催された世界選手権で、日本の1次リーグ敗退が決まった。2次リーグに進むには、アルゼンチンに３－１以上で勝たなければならなかった。結果は３－２での勝利。

世界ランク12位の日本に対し、アルゼンチンは7位。当時、強豪チームが少ない南米はやや嵩上げされるシステムとなっていたため、実力の差はほぼなかった。第3セットは相手のセットポイントを5回しのぎ、途中で2回セットポイントを握りながら、取り切れなかった。その時点でアルゼンチンの2次リーグ進出が決まった。

世界選手権は、直前や大会中に選手の負傷アクシデントが続いた。石川祐希選手がケガ明けで合流したこともあり、準備の時間も足りなかったとみられる。チーム全体が噛み合わず、苦しい大会だった。

最後のアルゼンチン戦は、充実したバレーボールができていた。しかし、バレー関係者やファンにとっては、第3セット終盤で競り負けたことのショックが大きかった。よかった点にはあまり触れず、重苦しい雰囲気だけが残った。このあと11月に、バレーボール協会で監督を続投させるかどうかの投票が行われることになる。

その前のVNLでは、各選手が心地よくプレーし、チームがよくまとまっていた。中垣内監督はアルゼンチン戦のスタートで石川祐希選手を外し、VNLの状態に戻すという判断をした。本大会の裏では、ブランコーチが石川祐希選手を成長させることを重視し、監督と意見をぶつけていた。

世界選手権はオリンピックに次いで重要な国際大会だ。しかし、ブランコーチは東京オリンピックを見据えたプロジェクトの2年目であり、ベスト8という目標は現実的ではないと考えていた。

アルゼンチン戦の直後、私は記者としてブランコーチにインタービューをすることができた。

——今日の試合を振り返って

勝利したことを喜んでいる。いいクオリティが出せたと思う。とくにサイドアウト。ミスも少なかった。残念ながら次に進めなかったが今夜は満足している。

——イタリアに来てケガ人が出てしまいました。

思い返せば最初の段階で西田有志がケガをし、初戦は残念ながらプレーできなかった。でも今日はいい試合ができてよかった。

——今大会最も重要な試合は何でしたか？

スロベニア戦がカギだった。その敗戦が後に影響したのは事実。

——今日メンバーを変えたのはなぜ？

柳田将洋のサーブに期待した。それに合わせてバランスを取った。

—これからも選手達を指導していかれますか？

はい。これからやらなければならないことが山ほどある。

ブランコーチに悲壮感は全くなかった。うまくいったことをコメントし、うまくいかなかったことを残念だったと表現した。これは監督になってからも変わっていない。

アルゼンチン戦　２０１８／９／18（火）17時00分〜19時33分

3－2（**26**－24、20－25、30－32、**25**－20、**15**－13）

日本は藤井直伸（26＝東レ）、福澤達哉（32＝パナソニック）、山内晶大（24＝パナソニック）、西田有志（18＝ジェイテクト）、柳田将洋（26＝ルビン）、伏見大和（26＝東レ）でスタート。

第1セット、日本は序盤にスパイクミスが重なり相手にリードを許すが、この日チーム最多の30点をマークした西田有志がブロック、サーブ、スパイクでチームを牽引し26－24で先取。

第2セットは、ミドルのクイックが効果的に決まるものの、中盤から相手のサーブに崩されて20－25で失う。

第3セット、柳田将洋のサービスエースなどで14－8と大きくリードしたが、この日両チーム最多の33点をマークしたアウトサイドのコンテに12本中11本のスパイクを決められ、徐々に追い上げられる。21－20の場面でリベロ・古賀太一郎がコートのパーテーションを越えてボールを追いかけ、座席で頭部を打ち担架で運ばれた。その後一進一退のデュースが続くが30－32で落とし、この瞬間1次リーグ敗退が決まる。

第4セット、メンバーチェンジで投入された石川祐希がブロックとスパイクを要所で決め、20－20から柳田将洋のサーブなどで5連続得点しセットを奪った。

第5セット、日本は伏見大和をはじめ相手の強打をレシーブし、切り返して攻撃を決める。最後は山内晶大がサーブで崩し福澤達哉がブロックを決めて15－13で勝利した。

チームと選手のパフォーマンス（得点）

日本

■アタック……チーム77　西田有志27、柳田将洋16、福澤達哉14
■ブロック……チーム7　伏見大和2、石川祐希1、西田有志1
■サーブ……チーム9　柳田将洋4、西田有志2、福澤達哉1

アルゼンチン

■アタック……チーム77　コンテ30、ソレ12、ゴンサレス10
■ブロック……チーム11　クレル3、ロセル2、リマ2
■サーブ……チーム5　コンテ2、ゴンサレス1、クレル1

4
シーズン2019

世界において別次元まで飛躍を遂げたというチームのターニングポイントだった。

ワールドカップで幕を閉じる特別な年

この大会は、オリンピック予選として考慮されない素晴らしい大会だ。私たちのチームにとって完璧な実験室となる。

ファンの前で素晴らしいショーを見せることは、大きなプレッシャーだ。しかし、トップ10のチームに勝てるかどうか、自分たちの能力を試したいという野心もある。

そして、好成績をあげることに成功した。

今回のワールドカップは大成功だった。重要な勝利を収め、ロシアにも10年ぶりの歴史的勝利を収めた。

関田誠大と藤井直伸はチームのセッターだ。山本智大はリベロのポジションを奪った。カナダとの試合の最終セットで、西田有志は信じられないような連続サービスポイントを挙げた。

背景はともかく、この4位入賞は世界において別次元まで飛躍を遂げたというチームのターニングポイントだった。出場した多くの国々にとって重要な位置づけではない大会だったことを考慮する必要があるとしてもだ。

ここがポイント

ワールドカップは主要国際大会だが、この2019年大会はオリンピック予選の対象から外れた。セカンドチームを出してくる国もあれば、オリンピックに向けた準備としてファーストチームを出す国もあった。日本はすでに、開催国として東京オリンピックの出場権を獲得している。絶対に勝たなければならないというプレッシャーから解放されるため、自分たちの実力を試すのに最適な舞台だった。**4位になったことで手応えを得ることができた。**

5
シーズン2020

この例外的な状況が終わりを告げ、必ず東京オリンピックに参加できると信じていた。

東京オリンピックが延期

アウトサイドヒッターとして高橋藍と大塚達宣が加入したことで、チームのプロフィールが変わった。

経験を失った部分もあるが、技術力と勢いが加わった。

大学では誰もが、**高橋藍のリラックスした落ち着きのあるプレーと攻撃力に感心していた。**しかし、非常に高いレベルでプレーする彼の本当の付加価値は、サーブレシーブとバックディフェンスの技術力である。

石川祐希の資質を完璧に補完できる選手だった。

トップレベルのチームにとって非常に重要なこのポジションにおいて、彼はのちに最高の選手になった。私は間違っていなかった。

髙橋藍は直感に優れた素晴らしいディフェンダーだ。彼とリベロの山本智大は、私が求めていたサーブレシーブとディフェンスの安定感をチームに与えてくれた。

2020年は、大会が中止になるリスクもあり、非常に複雑な年だった。移動規制のある期間中もチームの指導を続けた。空港近くのホテルで10日ほどの長期滞在を何度かしなければならなかった。

2017年以来のすべての努力が無駄になるのではないかと本当に怖かった。東京オリンピックで国に名誉をもたらそうと努力してきた選手たちの夢を、新型コロナが打ち砕いてしまうことを恐れないわけがない。

私が長期間の検疫を受け入れたのは、チームの育成という使命を続けたかったからだ。私は、この例外的な状況が終わりを告げ、必ず東京オリンピックに参加できると信じていた。

ここがポイント

シーズン2020の男子代表チームには、27人の選手が選ばれた。アウトサイドヒッターの高橋藍選手（東山高3年）と大塚達宣選手（早稲田大1年）が初めて選出された。初選出された選手は全部で5人。キャプテンは、シーズン2018から就任している柳田将洋だ。この1年延期は、ベテラン選手には不利となるが、チーム全体で見れば若い選手が多く、デメリットは小さかった。

6

シーズン2021

この若いチームには才能があり、非常に高いレベルに向かって進化し続けるポテンシャルがある。

東京オリンピック開催

東京オリンピックは2021年に開催されるが、歴史上、名称は東京2020のままとなる。

人々はまだ新型コロナを恐れている。VNL2021は、イタリアのリミニの無観客コートで開催され、全チームは2つのホテルに隔離された。

幸運にも、ＶＮＬ２０２１が開催されることになった。私は正直、この大会で経験を積むことができてほっとした。もし中止となれば、私たちは親善試合の開催を試みただろうが、支障をきたしていただろう。私たちはすでに２０２０年のトレーニング期間中、試合に出ることなく過ごしていたので、オリンピックへの準備としてこのような試合が本当に必要だった。

残念ながら、オポジットの西田有志が大会中にケガをしてしまった。試合数が多いため選手を交代させる必要があったにもかかわらず、私たちはロシアを３－２で下した。大竹壱青が劇的な活躍をした。この試合は間違いなく、彼のこのチームでのベストマッチである。

ベストメンバーに近いロシアに対して、日本は控えの選手を出さざるをえなかった。当時のロシアチームは、このあと東京オリンピックの決勝でフランスに２－３で敗れたものの、予選リーグをトップで通過するほどの安定力を持っていた。

そして、いよいよオリンピックへ。

東京オリンピックでも、ファンの前でプレーする喜びはないが、何といっても5年間待ち望んでいた大会だ。

考えてみれば、1万5000人のファンがいる会場に戻ることが、若い選手たちにどんな影響を与えたかわからない。もちろん、満員の観客を見るのは素晴らしいことだろう。しかし、あのような観客のいない会場は、確かに印象的だったのかもしれない。

2021年6月　最終の目標設定会議

2021年6月、チームは東京オリンピックに向けた最終準備を開始した。選手村に移動する前に、チームの目標とそれを達成するための手段について、最終決定する会議を開催した。

私は次のようなことを考えていた。

モチベーションというのは複雑な概念だが、帰属意識、自主性、コミットメント、能力はグループの強さの柱である。そして共通の考えや大義、目標に焦点を当てた集団的決意ほど、強固で効果的なものはない。

選手たちには主導権を握り、自分の強みを発揮してほしかった。どのように協力し、コミュニケーションを取るかを自分たちで決めて、全員がプロジェクトの重要な一員であることを感じてほしかった。

監督やスタッフは情報源であり組織を支える存在であるが、コートに立つのは選手であるということを認識する必要がある。

そこで私はこの制度的に設定されたイベント、つまり最後の目標設定会議を利用して、自主性を生むための強いメッセージを送ることにした。垂直管理の伝統からこのグループを解放しようと試みたのだ。

監督は決めた日時に選手を招集する。

監督が発言し、次に強化委員長と協会代表が発言する。

通常は同じセッティングで、スピーカーに向かって椅子が置かれる。

最初の変更点として、私は選手の椅子を円形に設置した。円は幾何学的な形状の中で最も共有しやすい形であることに変わりはなく、グループへの帰属意識を高めることができる。

私は輪の中に入り、議場に立って、プロセスと目標を選択するためのさまざまな重要ポイントを繰り返し説明する。

状況をよく理解するために、オリンピックの試合スケジュールを見てほしい。ベネズエラ、カナダ、イタリア、ポーランド、イランの順となっている。プールの構成を考えると、最後のイラン戦が準々決勝進出の鍵となる。

・どうすれば周囲の期待に対して神経質にならずに済むのか？
・日々の生活をどのように管理し、起こりうる敗北のことをくよくよ考えないようにするか？
・他者によるストレスにどう対処するか：メディア、協会？
・準々決勝に進出した場合、残りの試合ではどのようなプランを立てているか？

私は選手たちに、個々の話し合いで確認した2つの重要なポイントについて警告した。

・チーム内の否定的な言説：どのようにそれを制御し、悪影響を抑えることができるか？　ネガティブな思考がパフォーマンスに与える影響を理解することは重要だ。

・また、個人的にも集団的にも、それが生じた状況を分析し、自分の経験をどのように活かしてそれを頭から消し去り、次の行動に集中して前向きになれるかを知ることも重要だ。

集中する

集中とはトンネルである。このトンネルは、現在から意識が離れ、タスクを完了することに執着するとすぐ抜けてしまうものだ。自分をトンネルの外に出そうとしてくるものをすべて書き出し、自分がコントロールできないもの、現在から遠ざかってしまうものすべてに気づかせる。

・審判のミス
・対戦相手の表情や喜び
・試合に勝てなかったときのイメージetc…

スピーチの最後に、私は選手たちにこう言った。

「必要な情報を手に入れたのだから、あとはあなたたちが責任を持って、目標とその達成手段を決めるだけだ。キャプテンが、あなたたちの決定について私に報告するだろう」

強化委員長と協会代表が議場に立つ前に、私は彼らに「そろそろ部屋を出て、選手たちに仕事をさせましょう」と言った。彼らは驚きの表情を浮かべたが、私に従った。私のやり方は正しかったのだろうか？

私はいまでもそう確信している。いずれにせよ、大会を通して私のチームが示した決意は、私の正しさを証明しているようだ。

とくに、東京オリンピックの準々決勝進出をかけた、日本対イラン戦では、イランとのパワーバランスが逆転した。イランはアジアのバレーボール界を支配していた。とくに相手に心理的なプレッシャーを与える能力に長けていた。私たちはメンタル面の対処法を心得ており、重要な得点をしっかりと獲得できた。

２０１９年のワールドカップでイランに勝ったことは、すでにアジアバレーボール界を支配するための第一歩だった。世界的セッターのマルーフとミドルブロッカーのセイエドがいるチームに勝ったことで、この信じられないような勝利を取りに行く自信がついたのは間違いない。私は今でもそれを誇りに思っている。

準々決勝のブラジル戦は、メダル獲得という希望を持つには、両チームの差は経験的にも大きすぎるだろうという私の懸念を裏づける結果となった。

東京オリンピックは成功だったのか？

2017年以降、私たちはほぼすべてのメンバーを入れ替え、この大会に臨むために多くのエネルギーを注いできた。親善試合のない準備状況、大会の形式、生活環境は、ブラジルのようなチームに勝てるだけの経験を積むには不十分であったと言わざるを得ない。しかし、私たちはオリンピックの準々決勝に進出するような若いチームをつくり上げることができた。

契約満了が近づいていたとはいえ、私はこの大会を2024年計画の一部にしたかった。この若いチームには才能があり、非常に高いレベルに向かって進化し続けるポテンシャルがある。そう、私たちのプロジェクト 東京2020は成功だったと思う。

ここがポイント

これまでの数年間、イランにアジアトップの座を奪われていた。再び勝てる日が来るのだろうかと思うほど、力の差がある時期もあった。しかし東京オリンピックで勝利し、日本がアジア王者となったことを証明した**(世界第7位)**。

オリンピックメンバーには、昨シーズンに初選出された高橋藍と大塚達宣そして高梨健太が選ばれた。おそらく日本人スタッフだけではできない思い切った選考だった。アウトサイドヒッター4人のうち、3人が昨シーズンに代表に初選出された選手だった。また、**このシーズンから石川祐希選手がキャプテンを務め、今後のチームの中心選手となった。**

第6章

プロジェクトパリ2024

1

プロジェクト パリ 2024の策定

効率を高めるため、私が必要なすべての決定を下し、試合中はコートの端に立って選手たちの近くで指揮を執らなければならない。

2021年10月14日、私は男子日本代表チームの監督に選ばれた

プロジェクト パリ 2024を策定するにあたり、東京2020との違いを次のように整理した。

まず期間が異なる。東京オリンピックが2021年に延期されたことで、パリまであと3年しかない。2023年のオリンピック予選(選考トーナメント大会)の日程を考えると2年を切る。与えられた時間のなかで、全員が協力して極めて効率的に取り組まなければならない。

パリオリンピック出場権獲得は、非常に複雑なイベントだ。出場権を獲得できるのは、わずか12チームと非常に限られている。開催国とアフリカ大陸のために確保された枠を除けば10チームだ。

プロジェクト 東京 2020で、私たちは世界のトップ10に入った。プロジェクト パリ 2024では、このポジションをしっかりと維持しつつ、トップ4を目指すという志を持たなければならない。

プロジェクト 東京 2020では、トップ10に入るために選手選考からチーム構造を変えた。今回、限られた時間でトップ4に入るためには、ディティールと判断力を向上させなければならない。

このチームは若いため、東京オリンピックの経験は貴重だ。私はこれまで名目上はコーチという補佐役でありながら、プログラム全体を管理してきた。これからは効率を高めるため、私が必要なすべての決定を下し、試合中はコートの端に立って選手たちの近くで指揮を執らなければならない。

一方、新しいプロジェクトになっても変わらないことがある。日本バレーボール協会にとって、外国人カントクを任命することは大きな進展である。私はそのことを理解していた。

私はこの5年間ずっと、日本の文化と伝統を理解し、それらを世界のハイレベルなバレーボールのニーズに融合させることを試みてきた。これからも日本のバレーボールにかかわるすべての人たちと協力して、このことを継続していくつもりだ。

「カントクとしてのプロジェクト　パリ　２０２４」の詳細を決めた。私たちには中期と短期の目標があった。

①中期目標：2024年パリオリンピックへの出場権を獲得し、オリンピックの冒険を続ける。そのためには次のことを成し遂げる必要がある。

・2023年9～10月に開催される予選大会のファイナリスト、すなわち上位2チームに入って出場権を獲得する。このときはまだ、大会が日本で開催されることは決まっていなかった

・あるいは予選大会後、世界ランキングを使って出場権を獲得する。そのためには：
・アジア大陸でトップになる
・出場権を獲得していない国のなかで上位5チームに入る

②短期目標：2022年に好成績を収め、世界ランキングを上げ、アジア大陸最上位のチームになる。そのためには、イランから23ポイントを取り返す必要がある。

VNL2022はランキングを上げるプロセスにおいては重要だ。しかし、重要な大会は世界選手権2022だ。1次リーグを突破し、2次リーグに進出することが不可欠だ。ポイントを失わないためには、同じプールBに入ったキューバとカタールには絶対に勝たなければならない（同プールのもう1チームはブラジル）。しかし本当の快挙は、2次リーグを突破することだろう（実際には開催地がロシアからポーランドとスロベニアに変更されたことで大会方式が変わり、1次リーグの後が決勝トーナメントとなった）。

ＦＩＶＢは、世界ランキングのシステムを大幅に変更した。以前は大会の最終順位によってＷＲスコア（ワールドランキングスコア）が更新されたが、２０２０年からは1試合ごとに更新されることとなった。勝つとポイントが加算され、負けると失う。試合前のＷＲスコアと過去の試合結果から対戦結果を予想し、結果が予想外であるほどポイントの絶対値が大きくなる。また大会によって、ポイントにかけられる係数が異なる。そして新たに、２０２４年6月時点のランキングがオリンピック出場権獲得の条件に加えられた。

選手選考と準備について

選手選考と準備は、この2つの目標に合致したものでなければならない。

・2022年は、ハイパフォーマンスを維持するためのチームを編成する。現在の選手たちが大部分を占めるが、現在さまざまな選手権で実力を示している選手たちによって補強されるだろう。

・私たちは2023年に向けて、チームとしてパフォーマンスを向上させる必要のある分野において、いまの限界を超えることを可能にする選手プロフィールを期待する。その分野とは、フィジカルのポテンシャル、トランジションプレーの効率、試合配分、そしてブロックのパフォーマンスである。

年齢が選ばれる基準であってはならない。早い段階でテクニックやメンタルが成熟する選手がいれば、そうでない選手もいる。**若い才能が、最高レベルでプレーするために必要な成熟したタクティックとメンタルを身につけるためには、最高レベルの選手たちと切磋琢磨する必要がある。**そのためには、若い選手が代表チームのプログラムに参加するための環境が整っていなければならない。

メンタルに関しては、東京オリンピックのとき、私がこの件についてよく話し合ったキャプテン石川祐希がうまく刺激を与えてくれたおかげで、チームワーク精神と強靭な集団的メンタル力（コートに立つ選手はどんな状況下でも冷静に勝利することに邁進する）を生み出すことができた。集団的メンタル力は、パフォーマンスを左右する鍵となる。東京オリンピックに参加したことで、チームはこの新しいメンタル力を身につけることができた。私の目標は、それを持続させ強化することだ。日本代表を目指すすべての選手にとって、それがスタンダードにならなければならない。どの大会のどの試合も、オリンピック出場権獲得への一歩であり、チームの強さは特定の選手だけで決まるものではない。連戦の多さを考えると、常に同じ選手がコートに立つことは考えにくい。選手一人ひとりが自分の持ち味を発揮し、グループ・ディナミックに参加しなければならない。

石川祐希がキャプテンを続けることになるが、シーズンを通して彼の代わりができ、補佐できるような別のリーダーを育てる必要もある。

テクニック、タクティックに関しては、東京までのチーム目標はストロングポイントを伸ばすことだった。よいパフォーマンスが発揮できるような状況を生み出すためである。バックディフェンス、サーブ、サーブレシーブ、そして質の高いサーブレシーブがもたらすサイドアウトを進化させることが優先事項だった。それはこれからも変わらないし、チームでさらに効果的になるように追求していく。

しかし、私たちのパフォーマンスが、国際基準を下回っているプレー分野が2つある。それはブロックと、トランジションプレーやハイボールのアタックだ。

ブロックについて

効果的なブロックには、形態的、身体的な要素が必要だ。だからこそ、前回のサイクルでは優先順位が低かったのだ。

今こそ、チームがこの分野で大きな進歩を遂げるときである。私たちが統計的にトップレベルのチームの水準から最も離れているのがブロック力だ。この差を縮めなければならない。

ブロック力の強化には2つの柱がある

・個人とチームの、テクニックとタクティックを向上させる
・身体の形態とブロック力を、選手選考の基準に組み込む

トランジションアタックについて

これは当然のことである。私たちはサーブの質が高く、ディフェンスが最も上手いチームのひとつである。この強みを活かすために、トランジションアタックの効率を上げる必要がある。

ひとくち解説

パリオリンピック出場権獲得

まず、開催国フランスが1枠の出場権を獲得。2023年9～10月に同時進行で予選3大会が開催され、それぞれ8チームが出場する。ここで各大会の上位2チーム、すなわち合計6チームが出場権を獲得することになる。残りの5枠は2024年6月のFIVBランキングで決まる。ただし、出場権が獲れていない大陸があれば、その大陸のチームが優先される。プロジェクト パリ 2024を策定する際、すべてのアフリカ大陸の国が2024年6月時点でランキング12位よりも下にいる可能性が高いことが予測された。したがって日本はアジアでトップになるか、世界ランキングで10位または11位以内に入らなければならないと考えられた。

ここがポイント

日本で開催される国際試合には、多くの観客が人気選手を見るために来場する。ところが、観客はそうした選手がプレーする姿を全く見ることができないまま、帰らなければならない日があった。日本人監督であれば、ここまで徹底できなかっただろう。ブラン監督は、日本とランキングが近い国や下位の国との試合には主力の選手を出し、強豪国との試合には控えの選手を出した。重要な試合のために主力選手を休ませ、極力ランキングのWRスコアを減らさない方針を貫いた。

2

シーズン2022

プレーのレベルは、近い将来トップ6チームと戦えることを期待させるものだ。

2022年の世界選手権は、ロシアによるウクライナ侵攻で、開催国がロシアからポーランドとスロベニアに変更された。日本はプールBで2位となり1次リーグを突破し、参加チーム全体の11位でベスト16入りを果たした。9月5日の16チームによる決勝トーナメント初戦（1／8ファイナル）では、フランスに2－3のフルセット負けを喫し、大会敗退となった。

私は、このフランス戦に大きな手応えを感じていた。

最終セットはデュースの末、16-18で敗れた。並外れた試合と質の高いプレーに

よって、私たちは世界レベルの資質を認められたのだ。そしてもうひとつの満足は、自分たちのミスで負けたのではなく、相手が勝ったということだ。それは私にとって大きな違いだ。この試合は、２０２３年になってもベンチマークとして振り返るべき試合になるだろう。重要な試合でのメンタルアプローチにおいて、次のステージに進んだといえる。

シーズン2022の総括

プロジェクトパリ２０２４の初年度、世界選手権を終えたいま、以下のことが明らかになった。

・個人としてもチームとしても、パフォーマンスレベルは向上している。ディナミックは依然として非常にポジティブである。
・何人かの主力選手がいなくても、重要な試合で勝利する準備ができている。カタールやキューバとの重要な試合では、大塚達宣が石川祐希の代役を完璧に務めた。

私たちはケガ人に関して多くの問題を抱えていた。石川祐希は足首の捻挫から競技に復帰したが、本来のパフォーマンスを発揮しきれなかった。最終戦までケアしなければならなかった。

こうした問題を受け、私たちはチームドクターの荒木先生とともに、再アスレチゼーションの効率を高めるための組織と新しいプロセスを立ち上げることにした。その目的は、ケガをした選手が強化練習に復帰するまでの時間を短縮することだ。私たちのプログラムでは必須のことであり、１週間、１日という単位の時間が貴重なものとなる。

シーズンの初めに、私はチームに新たなリーダーが現れ、責任を担う姿を見たいと考えていた。選手たちは期待に応えてくれた。関田誠大は攻撃システムにおけるリーダーシップにおいて、大きな進歩を遂げた。山内晶大はシーズンを通して、チームへの献身とパフォーマンスの手本となる存在だった。西田有志はフランスとの１／８ファイナルで、攻撃の軸としてしっかりと役割を果たした。

今年の私たちの目標は、個人とチームのブロック力を向上させることだった。そしていま、すでに興味深い第一歩を踏み出していることがわかる。数字でみると、かなり説得力がある。

ブロック本数

・フランス戦において、日本が8本、フランスが11本

・大会を通じて、西田有志が7本、小野寺太志が11本、山内晶大が6本

シーズン2022の結果

世界ランキングは前シーズンの11位から7位へと上昇し、「ALL for PARIS」プロジェクトを正しい軌道に乗せたといえる。イランを抑えてアジア最上位のチームとなった。これは、オリンピック出場権獲得に不可欠な要素である。

世界選手権の1／8ファイナルで見せたプレーのレベルは、近い将来トップ6チームと戦えることを期待させるものだ。シーズン2023はVNL2023、アジア選手権、オリンピック予選と3つの大会が控えており、非常に重要なシーズンとなる。

ここがポイント

監督としてのシーズンがいよいよスタートした。基本的にパリオリンピックまで任されることになる。ここで重要なのは、プロジェクトの目標と最終目標の違いである。この時点において、ブラン監督は最終目標であるパリオリンピックの目標を明言していない。シーズン２０２２では、プロジェクトを策定し、短期・中期の目標に向かって軌道に乗せることが重要だった。最終目標を設定するのは、パリオリンピックのシーズン２０２４になってからのことである。

3

シーズン2023

このメダルは、今後数年間の結束と決意を固める強い絆の象徴となる。

パリオリンピック出場権獲得への道

私はシーズン2023の戦略を次のように立てた。

今年、東京のファンの前で出場権を勝ち取ることを最大の目標とする。しかし私は、予選を勝ち抜くためのもうひとつの方法――**アジア最上位になるか、世界ランキングで枠内に入るということも優先事項の一部であるというメッセージを、チーム全体に伝えなければならなかった。**

したがって、ランキングに影響するVNL2023とアジア選手権を考慮に入れ、アジアトップとしての地位を確かなものとし、世界トップ8の地位を守る必要があった。

ＶＮＬは依然として重要な大会である。

前回の世界選手権の教訓は、いつか大会でメダルを獲得したければ、定期的に決勝トーナメントに進出する必要があることを示している。決定的な試合を管理できるようになるには、経験を積む必要がある。だから私は、ＶＮＬ２０２３での決勝トーナメント進出を今シーズンの重要な目標にすべきだと提案した。

アジア選手権でアジア最強の座を守ることは、決勝トーナメントに進出し、イランをホームの大観衆の前で倒すことを意味する。イランの雰囲気を知っているので、この試合はその緊張感の中で、チームの結束力を試す機会になると想像していた。

イランの応援は団結力のある独特なもので、ブブゼラの音も大きい。相手がサーブを打つ瞬間に口笛を吹く。

今シーズンは、チームのメンタル面のさらなる成長に期待する。

昨年のフランスとの試合は、敗れたとはいえ、このレベルのチームに勝つための条件を整えることができることを示した。この試合は今シーズンのベンチマークになるはずだ。

試合の質は、私たちが正しい道を歩んでいることを裏づけている。グループ・ダイナミックのなかでのパフォーマンスの質が試合を通して高く、重要な試合でのメンタルアプローチにおいて、次のステージに進んでいる。

年間を通じて高いレベルのパフォーマンスを維持すること

3つの主要な大会がある長いシーズンだ。肉体的にも精神的にもフレッシュな状態を保ちながら、9月末のオリンピック予選を最適なレベルのプレーで迎えることを目標に、この6カ月を管理しなければならない。

最適なプレー：各試合は、私たちにとって次のような機会でなければならない。

・さまざまなプレーシステムにおいて効率を高める

・シーズンを通してよりよいローテーションを可能にするため、先発6人に依存しない状態でパフォーマンスを発揮する
・相手の高いパフォーマンスによって引き起こされる困難な時間帯には、リズム管理とベンチからのリソース投入によって、より適切に対処する
・メンタル力とトップレベルでの経験を養い、トップ5のチームとの重要な試合に勝つ方法を学ぶ。つまり、ポーランドで開催されるVNL決勝トーナメントに進出し、準々決勝を突破することが重要となる

各大会後、パフォーマンスレビューを行う。そうすることでテクニック、タクティック、メンタルの調整を行い、さらによいパフォーマンスを発揮できるようになる。

VNL2023予選ラウンドの名古屋、フランスのオルレアン、フィリピンのマニラで、私たちは信じられないような戦いをした。

そして2023年7月20日午後5時、グダニスクのエルゴ・アリーナで、ベスト4入り、すなわち準決勝への切符をつかむために、スロベニアと対戦した。

私は選手たちに、対戦相手は完璧なチームだと言った。そして素晴らしい試合をした。第1セット、スロベニアを26－24で破ったことは、私たちに翼を与えてくれた。**2017年のVNLグループ2の決勝で、0－3の大敗を喫したスロベニアに、3－0で完勝したのだ。**私たちはなんという道のりを歩んできたのだろう。

私たちの目標のひとつは、東京オリンピックやVNL2022で敗れた準々決勝という舞台で勝利することだった。ついにそれを達成し、ベスト4入りを果たした。

しかし、冒険はそこで終わりではなかった。準決勝では地元のポーランドと対戦しなければならなくなった。仮にここで負けたとしても、3位決定戦がある。目標は当然決勝進出だが、初のメダル獲得を目指すためには、3位決定戦で巻き返す準備をしておかなければならない。

ポーランド戦の前に、西田有志がケガをした。私は彼に同情した。私はケガ人を補うために、才能ある選手をベンチに置かなければならないと主張してきた。宮浦健人、小川智大、髙橋健太郎、大塚達宣など。この準決勝では、西田有志と同じオポジットの宮浦健人がその才能を存分に発揮するだろう。

ポーランド戦は最高のスタートを切った。サーブでポーランドにプレッシャーをかけ、効果的なサイドアウトで第1セットを先取した。この試合のターニングポイントとなったのは、第2セットだ。この夜キューバ出身のレオンが復帰し、手がつけられなくなった。26－28で失った。その後は、ポーランドにフィジカルで圧倒された。

次のイタリア戦で銅メダルを勝ち取るしかない。

第1セットは、準決勝の敗戦から明らかに立ち直ったチームのモチベーションと決意を見て、安心させられた。

第2セットの終盤は素晴らしかった。セット終了間際の難しい状況で何とか逆転し、セットをものにした。しかし最終的には、イタリアのブロックが機能し、フルセットに持ち込まれる。

第5セットは私たちの試合を反映している。最初の得点は宮浦健人のサービスエースだ。ファイナルセットでの好スタートは、しばしば自信につながる。石川祐希はトランジションで非常に効果的なプレーを見せ、関田誠大のトスワークにより宮浦健人がうまくサポートした。イタリアのミドルに引けを取らない山内晶大の2本のブロックも注目に値する。山本智大はディフェンスで見せ場をつくり、髙橋藍と共にイタリアのサーブに耐えることができた。

この試合で、私たちはメダルを獲得しただけでなく、何よりもプレーの質と精神の質においてバレーボール界の尊敬を集め、現代バレーボールには、高さとパワーだけでなくテクニックに基づいたゲームの余地があることを示した。

このチームではじめて世界大会のメダルを獲得した。私にとって信じられないほど感動的な瞬間だった。2002年にアルゼンチンで開催された世界選手権で、フランス代表として初めて銅メダルを獲得したときのことを思い出した。日本チームは驚異的に進歩し、ついに栄冠を手にした。私は同じ物語を追体験することができた。まず、スタッフたちとの交わりに大きな喜びを感じた。彼らの目、笑いには共に成し遂げた仕事への誇りが見えた。

選手たちにとっても、この最初のメダルは何カ月ものトレーニングや、強豪国との対戦のために費やした長期間にわたる努力の結晶である。試合に勝ち、ランキングを上げることは素晴らしいことだが、それは抽象的なものだ。世界のメダルを獲得するということは、日本の名前を受賞者リストに残すということだ。ファンの記憶に、日本バレーボール界の記憶に、選手たちの名前を刻みこむということだ。

このメダルは、今後数年間の結束と決意を固める強い絆の象徴となる。

『C'est génial（セ・ジェニアル）：最高だ』

アジア選手権

このような結果の後、自分たちの栄誉に安住するのは簡単だが、それは間違いだ。私たちは勝ち方を学び続けなければならない。大会に勝つこと自体が決定的な目標である。これまでアジア選手権が優先されることがほとんどなかったことは知っている。しかし、今の段階ではイランに行って優勝し、間違いなくアジア最強のチームになることが課題だ。

8月26日、決勝でイランに3－0で勝ったことは、私の日本でのキャリアで最大の成果ではないだろう。しかし、あのような敵対的で騒々しい雰囲気の中でプレーし、勝利したことは印象的であり、私の記憶に残りつづけるだろう。

オリンピック予選（OQT）

この金メダルと銅メダルによって、私たちはすべての目標を達成した。私たちは世界ランキングでの順位だけでなく、アジア最上位の座を獲得し、ほぼパリオリンピック出場権を獲得した状態といえる。

しかし、私たちの夢は、東京の観客の前でこの予選を勝ち抜くことだった。その理由は主に2つあった。

・私たちは、テレビの視聴率がよいことは知っていたとはいえ、国民から遠く離れた海外でメダルを獲得してきた。しかし今大会は、ファンの前で偉大なことを成し遂げるチャンスだ。

・この予選で出場権を獲得すれば、2024年にオリンピックに向けた準備がしやすくなる。

OQTの準備は意図的に短くした。重要なのは、蓄積した疲労を回復させ、1週間の休養を経て9月5日に再び体育館に戻ることだった。シーズンのこの段階で、しかもこれだけの好成績を残したのだから、目標はここ数大会の感覚を取り戻すことだ。

石川祐希の準備は最適ではなかった。VNLのレベルを完全に取り戻せないまま、大会の開幕を迎えた。

もちろんすべての試合が重要だったが、今大会の最重要試合は、間違いなく最後から2番目のスロベニア戦だった。石川祐希はこの試合までに、自分のベストパフォーマンスを取り戻す必要があった。

フィンランドとの開幕戦は予想以上に難しかった。トランジションでのプレーバランスがよくなく、相手の13本のブロックに苦しんだ。しかし、髙橋藍と西田有志の活躍のおかげで何とか勝つことができた。

エジプト戦では、この大会があやうく大惨事になるところだった。3セット先取で勝つべきところ、2－3で敗れてしまったのだが、何より心配だったのは関田誠大が自信を失っていたことだ。チーム全体が緊張しているなか、関田誠大は攻撃がうまくいかないのを自分のせいだと感じていた。エジプトはアフリカ大陸でトップにいたため、出場権をほぼ手にしていた。勝たなければいけないというプレッシャーもなく、最大限のリスクを冒して向かってくるチームに対して、優勝候補としてのポジションを確保するのは難しい。

まだ予選を突破する可能性はあったが、私はチームと個人の自信を取り戻すために素早く行動しなければならなかった。このようなとき、監督のリーダーシップは決定的なものとなる。適切な言葉を見つけ、勝利への自信を強調しなければならない。

私は関田誠大と長い話し合いをした。彼の活躍のおかげでチームが今のレベルに到達できたこと、他のセッターは選ばなかっただろうということ、彼と共にパリでメダルを獲得したいと考えていることを思い出させたかった。それは真摯なものであり、彼は私からそれを聞く必要があったと感じた。

幸運だったのは、次の試合がチュニジア戦だったことだ。3－0の勝利で調子を取り戻し、トルコとセルビアに圧勝した。スロベニアとの決戦でも大勝し、パリ行きの切符を手にした。

ホームの観衆の前で、再び感動的な瞬間が起こった。2024年パリオリンピック出場という夢を達成したのだ。髙橋健太郎にはとても感謝している。この特別な瞬間に立ち会えるよう、藤井直伸さんのユニフォームを持ってきてくれたのは彼だったと思う。

最後のアメリカ戦では、控えの選手たちに自分たちの成長を披露する機会を与えたかった。ファンが石川祐希、髙橋藍、西田有志をコートで見たいのはわかっている。しかし、彼らにこの機会を与えるのは正しいことであると思った。実際、彼らは勝ってもおかしくない素晴らしい試合を見せてくれた。観客を失望させることはなかった。

アメリカ戦の後、休暇のために解散する前のロッカールームにて。私は選手たちにクラブシーズン中、試合の知識を深め、試合中の意思決定能力を向上させることに集中するようにとただひとつだけお願いした。

これは間違いなく、あらゆる年齢のアスリートが進歩を続けることができる点であり、現時点で新たな挑戦に向けてできる準備として、最善の手段である。

ひとくち解説

C'est génial（セ・ジェニアル）

日本語で「最高だ」「素晴らしい」「素敵だ」という意味。

英語で単語をそのまま置き換えると「That's genius」だが、「That's awesome」「That's great」と訳されることが多い。

ここがポイント

2022年10月、パリオリンピック予選（2023年9〜10月）がワールドカップを兼ねて日本で開催されることが決まった。それまで、日本がホスト国となる国際試合が減少傾向にあった。4年に1回のグランドチャンピオンズカップが廃止になり、ワールドカップも廃止の危機に瀕していた。この決定はその流れに歯止めをかけることができた。

世界選手権2022の日本対フランス戦の中継では、楽しそうに観戦しているアリ・グラサFIVB会長の姿が何度か映し出された。日本のハイレベルなプレーを印象づけることができたはずだ。FIVBは、日本をオリンピック予選のホスト国第1号に選定した理由として、これまでの大会開催実績、男女チームのレベルの高さ、熱心なファン層の存在を挙げた。

2023年はさらに飛躍し、パリオリンピックでメダル獲得を目標にすることに違和感がなくなってきた。

4

シーズン2024

私たちは世界ランキング2位となり、オリンピックではプールCのトップを飾るという栄誉を手にした。

オリンピック・イヤー、「歴史をつくる」

2023年は、プレーの質の向上と成績という点で、例外的に素晴らしい年だった。事実、日本のバレーボールの歴史に新たな1ページを刻み始めた。男子チームは世界のトップ4に入り、パリオリンピックの出場権を手にした。当然ながら、チームと選手の評価は高まった。

私たちは夢を達成し、**スローガン「Catch Our Dream」**にあるように「夢を掴んだ」のだ。2024年の目標を発表する前の私の願いは、その夢を守り続けることだ。

2024年はオリンピック・イヤーであり、プロジェクトサイクルの最後の年である。短期的なパフォーマンスだけに特化した年になる。

『歴史をつくる』

日本バレーボールのオリンピック史に新たな1ページを刻むこと。どの国にとってもオリンピックには特別な意味がある。各国にオリンピック委員会という特定の組織がある世界規模のイベントだ。大会が開催されると、スポーツを愛する人たちは皆、自分の好みのスポーツを忘れてチームジャパンのファンになる。国内スポーツにおいて非常に重要なイベントである。

夢を持ち続けて成長し続けるために、オリンピックでのメダル獲得をめざして挑戦すると発表すること。これは非常に野心的で歴史的だが、2023年のパフォーマンスを踏まえると、達成可能な目標であると私には思えた。

ＯＱＴが始まったときのチームの緊張感や、困難を乗り越えて勝ち取った勝利の喜びを、私は忘れていない。大会が近づくにつれ、あのような目標を掲げると、大きなプレッシャーにさらされる可能性があることはわかっていた。しかし、さまざまな経験が、いざというときに活かせるプラスになることを願っていた。そして、選手たちがこのオリンピックの夢を私と共有していることもわかっていた。

私たちは躊躇するのをやめ、自分たちの野心を明確に発表すべきだ。そして私は、大会に向けて最善の準備をするために、２０２４年のプログラムを準備しなければならなかった。

優先事項は、グループの結束力と精神状態を維持し、さらに向上させることだった。選手一人ひとりが、最終的な期限に備えなければならない。

私の最初の決断は、オリンピック代表候補を限定することだった

第１の理由は、２０２３年の選手団がその能力を実証していたからだ。新しい選

手を加えるには、グループのバランスを崩さないような正当な理由がなければならない。しかし、選手がケガをしたり、パフォーマンスを発揮できなかったりした場合のために、完全に門戸を閉ざしてはならない。**グループBの選手たちは、チャンスは限られているがゼロではない。**

第2の理由は、このような大会に選ばれることを目指すのはストレスの源であり、選手たちはチームのために働くことよりも、自分のパフォーマンスをアピールすることにエネルギーを費やさざるをえなくなるからだ。それは自然なことだが、グループ・ディナミックによい効果はもたらさない。

2つ目の決断は、大会をベースに準備を進めることだ。試合への理解と判断力を高め続けるためには、公式戦が最善の方法だ。VNL2024に参加することが、私たちの準備の基礎となる。

もうひとつ考慮しなければならないのは、オリンピックの3つのプールの構成だ。プールAにはフランス、プールBにはランキング1位のチーム、プールCにはランキング2位のチームが先頭に入る。それぞれ下に、世界ランキングに応じて残りの3列が構成される。

2列目は、3位から5位のチームで構成される。今回のVNLでは、この列に入るために5位以内を目指さなければならない。

VNLでは、アルゼンチンにランキングで抜かれないことを目標に戦わなければならない。アルゼンチンとの勝ち点差はわずか26だ。

VNLの決勝トーナメントは、オリンピックの競技に似たフォーマットでプレーすることができるため、大会に向けたよい準備となる可能性がある。

準々決勝に勝って準決勝に進み、メダルを争うことになる。

この決勝戦のマイナス点は、マニラでの週末が終わった直後にヨーロッパへ移動しなければならないことだ。

しかも、もし決勝まで勝ち進めば、大会前の最後の準備プログラムは、ポーランドのグダニスクで開催される大会と数日間だけになってしまう。

だからこそ、VNLの各試合でのパフォーマンスの質に集中することが重要だと感じた。
私たちのパフォーマンスが素晴らしいものであれば、目的は達成されたことになる。ベスト8入り、すなわち決勝トーナメント進出を果たせれば、それに越したことはない。2023年のように準決勝に進出し、メダルを狙うにはどうすればいいかを学ぶことができる。

髙橋藍と石川祐希はイタリアで長いシーズンを過ごしている。それぞれのチームの結果次第では、プレーオフに進出できるだろう。私たちのVNLプログラムは大きく不利だ。最初の週末にはリオデジャネイロへ行かなければならない。

髙橋藍と石川祐希、この2人の選手を欠場させ、10日間の休養期間を与えることにした。彼らはグループBで準備を始める。福岡で開催される第2週末までには、大会に参加する準備が整うはずだ。

2023年以来、私は選手たち全員に、自分の得意分野でより多くの責任を持つように、またチームのパフォーマンスをリードするように促してきた。その目的は、メンタル的に強くなること、そしてキャプテンがケガをしたときに交代できるようになることだ。

全員参加のミーティングで、ビジョンを表明する

VNL開幕前、フォトセッションに髙橋藍と石川祐希が来ていたのを利用して、パリオリンピックの目標を決めるミーティングを企画した。

東京大会のときのミーティングのレイアウトに戻る。今回はバレーボールコートに直接**椅子を並べた円形。このような会議のポイントは、全員がビジョンを表明すること だ。**自分たちの願望や不安を明らかにするだけでなく、他の人の言葉からインスピレーションを得ることもできる。

私はこの会議にスタッフも参加させた。2021年のミーティングでは、私は選手たちの発言を促すためにスタッフに退席を求めた。意識が変わり、誰もがプロジェクトに自分の居場所と責任を持つようになった。

私は冒頭で、シーズン開幕時のミーティングで話したことを自分なりにアレンジして説明した。この日、私はカントクとしてではなく、グループの一員として話した。

「私の個人的な夢、そしてチームの夢は、オリンピックのメダルを獲得して冒険を締めくくることです。私たちにはそれが必要だと確信している。

でも、みんなはこの夢を共有しているのだろうか？

私たちの成功を確信しているのか、それとも望んでいるが確信が持てないのか？私たちは気持ちを分かち合い、共通の夢は何かを決め、一緒にそれを追い求める必要がある」

このミーティングは、メンバー一人ひとりについて多くのことを教えてくれた。グループを効果的に運営するには、聞き方を知ることがとても重要だ。

「日本代表であることを誇りに思い、東京オリンピックに向けて努力する」をモットーにしていた2017年の第1回ミーティングを振り返ると、個人の自主性がここまで進歩したことに誇りを感じた。

VNL2024

このVNL最初の週末は、2人のアウトサイドヒッターを欠くがゆえに、我々の能力を試す絶好の実験場になるだろう。

世界ランキングで直接のライバルであるアルゼンチンと対戦する。セルビアとキューバは、オリンピック出場権を争う相手だ。

この最初の週末が、ベスト8進出の可能性を左右することは承知している。少なくとも4試合中2勝しなければ、決勝トーナメント出場は難しいだろう。フルメンバーで臨んだイタリアに1－3で敗れたが、大会は素晴らしいスタートを切った。

グループの結束は非常に強く、パフォーマンスもよかった。リーダーシップのもとでパフォーマンスを伸ばすという目的は成功したようだ。

福岡では、パフォーマンスが乱れることはわかっていた。

・ブラジルからの長旅（34時間以上）

・時差ボケ
・大会に向けた最適な準備ができないまま、石川祐希と髙橋藍がチームに合流

ドイツに勝つためには、必死で戦わなければならなかった。なんとか3－2で勝利した。しかし、それまで無敗だったスロベニアを3－1で破り、非常にポジティブな形で終えることができた。

マニラでの週末を前に、イタリアリーグで捻挫した足首の炎症を治療するため、髙橋藍を欠場させる決断をしなければならなかった。ファイナル8には彼抜きで臨むことになる。フランスでの最終準備のために、彼を完全な状態に戻すことが最優先だ。荒木先生のもとで適切なリハビリを行う。代役は大塚達宣が務める。

オリンピック内定選手発表

私はVNL予選ラウンドの最終戦を五輪代表発表の期限としていた。第1の理由は事務的なもので、日本オリンピック委員会とFIVBが6月30日に

締め切りを設定していたからだ。

もうひとつの理由は、選出された選手とリザーブの選手だけを使って、オリンピックの構成でベスト8を戦おうとしていたからだ。たとえ14人全員がポーランドに行くとしてもだ。

私はスタッフとのミーティングを招集し、お互いの印象を共有し、一緒に結論を出すことにした。この決断が2人の選手に与える重みを知っていたからだ。

オリンピックに選ばれないことを伝えるよい方法はない。過去に4回経験しているが、私は知らない。私はキャプテンに意見を求め、全体会議で発表することで合意した。

選出が発表された後も、ポーランドに向けてみんなで一緒に進んでいくことをはっきり伝えた。なぜなら、VNLでの成功はグループ全体の成功であり、私たちはこの冒険を共に終えなければならなかったからだ。

オリンピックに向けた最終準備には14人の選手が参加することになる。そして、今日選ばれなかった選手たちにもグループに残ってほしかった。それを決めるのは彼らだ。

ラリーは、自分が3人のミドル枠のうちの1人ではないことを知っていたと思う。リベロの場合はまったく違った。山本智大は日本が必要とする偉大なリベロであり、彼のパフォーマンスがそれを証明している。しかし、小川智大は日本代表にふさわしい、次の偉大なリベロになるだろう。

私は発表の瞬間を恐れていたが、それは想像していたとおりの痛みだった。

ポーランド、ウッチでのベスト8

準々決勝（1／4ファイナル）では、マニラで勝ったカナダと対戦した。試合は3−1で勝利。2年連続のVNL準決勝進出を決めた。

次の対戦相手は、予選リーグで首位に立ち、ランキングで4位につけていたスロベニアだった。

今年のスロベニアは、オポジットのシュテルンがよいプレーすることで、昨年よりもさらに調子を上げていた。スロベニアと遭遇するのは、この大会の恒例となっていたが、プレースタイルがむしろ私たちに合っているチームだと言わざるをえない。

3－0の勝利は、この試合の難しさを反映していない。しかし第2セット27－25、第3セット31－29というスコアをみればわかる。攻撃のプレッシャーは石川祐希と西田有志の肩にかかっていた。しかし、ディフェンス局面でのチームの団結力と関田誠大の明晰なトスワークは特筆に値する。信じられないようなディフェンスの連続の末に勝ち取った第2セットの23点目は、見飽きることがない。

日本チームがVNLの決勝に進出したことは、最高レベルを知るためにまた一歩前進したことになる。もちろんメダルを獲るつもりだったが、この決勝を糧にさらに成長できるはずだ。

さらに嬉しいことに、私たちは世界ランキング2位となり、オリンピックではプールCのトップを飾るという栄誉を手にした。

決勝の対戦相手はフランスだ。２０２２年、私たちは世界選手権の１／８ファイナルで対戦している。フランスは準決勝のポーランド戦で、まさにトップクラスのパフォーマンスを見せた。ホームのポーランドに勝つのは決して簡単ではない。フランスはポーランドにディフェンスでプレッシャーをかけており、サイドアウトが非常に効果的だ。

選手のテクニックをベースにした、現代バレーボールを展開する2チームによる素晴らしい試合になるだろう。彼らはブロックでは確実に我々を上回っている。２人のミドルは、私たちのパイプ攻撃（後衛選手が中央エリアから打つ速いバックアタック）に対して個人のブロックで対応してきた。厳しい戦いになってしまった。

スポーツとは時に不思議なものだ。銅メダルを獲得したときは、信じられないほどの喜びに圧倒される。銅メダルよりも名誉あるはずの銀メダルを獲得したときは、敗北で競技を終えることになる。

ＶＮＬ２０２４は大成功だ。その結果、チームは世界第2位となった。プールＣ

の首位に立ち、ポジティブなエネルギーに満ちてポーランドのウッチから戻ってきた。

しかし、最終的な準備は短縮されるとしても、今は休息を取るときだ。

プール分け抽選会

この抽選会は、ＶＮＬ決勝トーナメントが始まる直前の6月27日に行われる。予選大会を勝ち抜いたチームのレベルを見れば、簡単なプールなど存在しないことがわかる。

誰もが自分たちと同じプールの4列目にエジプトが入ることを望んでいる。ここでは、私はドイツが入ってこないことを願っていた。結果はドイツだった。

3列目の抽選が始まる。ブラジルは避けたいところだ。ブラジルは難しい時期を経験しているが、まだ素晴らしいフィジカル・リソースを持っている。結果はアルゼンチンだった。

2列目にはイタリア、アメリカ、スロベニアがいる。避けたいのはアメリカだ。フィジカルとテクニックのバランスがとてもいいからだ。我々にとってベストな選択はスロベニアだろう。しかし結果はアメリカだった。

抽選は決して有利なものではなかったが、3つのプールはバランスが取れている。エジプトが入ったプールはポーランド、イタリア、ブラジルで構成されている。

ここがポイント

6月27日、パリオリンピックのプール分け抽選会が行われ、下記の結果となった。各プールの2列目にはランキング3～5位のチームというように、列ごとにどのランキングのチームが入るかが決められていた。日本はこのとき世界ランキング2位だったため、プールCの1列目に入ることがあらかじめ決まっていた。

世界ランキング2位になったことで、メディアは過熱し、国内では金メダル獲得にまで期待が高まっていく。これが大きなプレッシャーになった可能性がある。オリンピックの年ということで主力選手を休ませるチームもあり、実力的に日本が2位かといえば疑問だった。

2024　パリオリンピック　バレーボール男子　予選リーグ組み分け

プールA	プールB	プールC
フランス（開催国）	ポーランド（1）	日本（2）
スロベニア（3）	イタリア（4）	アメリカ（5）
カナダ（9）	ブラジル（6）	アルゼンチン（8）
セルビア（10）	エジプト（29）	ドイツ（11）

※（）内の数字は世界ランキング。

第7章

激闘パリオリンピック

1

最終準備

ストレスに対処するには、困難な時間帯を受け入れ、すべてが完璧であるはずがないということを受け入れる優れた心理戦略が必要だ。

私たちは6月30日にポーランドでVNLの銀メダルを獲得した後、帰国して1週間の休暇を過ごした。7月8日には、バレーボール女子チームとビーチバレー女子チームと共に、都内での壮行会に出席した。7月9日〜13日には、NTC（味の素ナショナルトレーニングセンター）で事前合宿を実施した。

事前合宿について

事前合宿では、髙橋藍が試合に出られるようにサポートすること。髙橋藍は足首のケガから復帰するために、個別のトレーニングを必要としていた。そして、チーム全体のコンディションを回復させること。

7月14日～22日のポーランド合宿では、試合感覚を取り戻し、新たな時差ボケを吸収すること。

小川智大とエバデダン・ラリーは、最終準備のためにグループに残ることに同意した。チーム練習の質が維持できるので、とてもありがたいことだ。オリンピックが終わるまで2人が冒険に参加してくれることになり、私はとても嬉しかった。

私は、オリンピックの選手村への到着をできるだけ遅らせたいと考えていた。移動、練習のプログラム、1部屋6人または8人での共同生活、ヨーロッパの集合施設での食事を管理することがどれほど難しいか私は知っている。スタッフ全員が選手村に入れるわけではないので、チームの管理は一層難しいものとなる。

気候という未知の要素もあった。7月のパリはとても暑くなる可能性があるのに、部屋にはエアコンがなかった。

だから私は事前合宿の場所として、7月の気候が穏やかなポーランド北部を選んだ。ここではポーランド、アメリカ、セルビアとの親善試合が予定されていた。

エルブロンクという小さな町での合宿はよかった。悪いニュースは、オリンピックで同じプールCに入ったアメリカが対戦を拒否したことと、通信障害によりセルビアとの連絡が遮断されてしまったことだ。結局、親善試合はポーランドとの1試合のみだったが、この事前合宿は全体的にポジティブなものだった。

オリンピック試合会場での公式練習が7月24日の朝に予定されていたため、パリには23日に移動した。ドイツとの初戦は、27日午前9時からだ。

午前9時から体が動くようにするための準備をしなければならない。

正直言って、これはスポーツ選手にとって厄介なスケジュールだ。通常、筋肉を完全に目覚めさせるには少なくとも5時間は必要だ。私たちは、より短い時間で筋肉をその状態にもっていかなければならない。そのためのプロトコル（手順に沿った所定動作）の管理に慣れる必要があった。

通常、午前中のセッションでは、筋力トレーニングとジャンプを使わない技術練習を中心に行う。しかし、午前9時に試合が始まるので、その時間に高強度の運動ができるように準備する必要がある。

私たちは、この筋肉覚醒のためのプロトコルの有効性をテストするために、グループ・トレーニング・セッションをいくつか設計した。合計5回のセッションを行ったところ、とくに最後の3回が効果的だった。このようなタイミングの変更は、リズムを乱すものではあるが必要なものだった。

オリンピック選手村

オリンピック選手村に入るときは、いつも特別な瞬間だ。これから2週間、新しい生活環境で過ごすことになる。現在、すべての選手村は同じモデルに基づいて建設されている。食堂では、自分の好みや混雑状況に応じて、昼食をとるのに最適な場所を探さなければならない。

ナショナルチームとして、私たちの日常業務はどこへ行ってもかなり標準化されており、私たちの管理者は、プログラムが誰にとっても明確で流動的であることを保証している。つまり、すべての要素を予測して、準備しているのだ。

オリンピックの選手村は別世界だ。私たちの日々の決断は、オリンピックの管理体制、セキュリティ対策、必ずしも私たちのニーズに適応していない巨大な食堂、食事のためやバスのピックアップポイントに行くための移動距離などに影響される。

提供される料理にはとてもがっかりした。フランスは美食の国であるという評判にふさわしいものではなかった。ただし、パン屋とシェフのコーナーは例外だった。幸いなことに、日本オリンピック委員会が厨房を備えたハイレベルなセンターを用意し、選手たちはよい環境で食事をとることができた。

6人または8人が同じ部屋で共同生活しなければならず、それぞれが他人のリズムに合わせて過ごさなければならない。スタッフの作業環境は、他の大会よりも複雑で窮屈だ。

オリンピックは夢のようなものだが、選手村での生活はスポーツのパフォーマンスにとって最適とは言いがたい。

いざ、オリンピック！

7月27日はドイツとの初戦の日だ。キックオフミーティングで、私は選手たちにこう話した。２０２４年7月27日の初戦の日、緊張すると思うか？　みんなするだろうし、私もするだろう。

卓越した結果を出すために、ストレスは不可欠だ。しかし、ストレスは表裏一体のものだ。

・ポジティブな面は、ゴールに焦点を定め行動に集中することを促し、自分を頂点へと導く。
・ネガティブな面は、敗北を想像させ、自分の選択を疑わせるような混乱を引き起こし、失敗の条件を作り出す。

ストレスに対処するには、困難な時間帯を受け入れ、すべてが完璧であるはずがないということを受け入れる優れた心理戦略が必要だ。そうすることで、冷静さを保ち、成功を信じることができるのだ。

開幕戦はいつも特別な試合だ。このオリンピックで戦う準備はできていると思っていた。おそらく、ポーランド、ウッチでのVNL決勝トーナメント前よりも準備はできていたはずだ。

しかし、ドイツは試合運びが巧妙で、ときには極めてハイレベルなバレーボールをするチームだ。グロゼル（キングと呼ばれる英雄的選手）は、非常に経験豊富なオポジットである。2人の大型ミドルブロッカーは成長が著しい。4人のアウトサイドヒッターは、それぞれが異なるスキルを持つ。したがって、選手交代によってパフォーマンスに変化をもたらすことができる。

試合前のミーティングで私は、最も重要なことは適切な手法で大会に臨むことだと強調した。初戦に集中しなければならないが、感情を通して考えてはいけない。

大会の初戦を迎える際の主なリスクは、焦りすぎて必要な検証をすることなく行動に移そうとすること、あるいは様子見になりすぎて、自信を得ようとして自分たちのパフォーマンスを評価するのに時間をかけることだ。

過去のポジティブな経験から、このような不安は避けられるはずだ。私たちは、コートでよいパフォーマンスを発揮するために必要なこと、ブロック管理の方法、強力なサーブに対処するための連携の仕方などを知っている。試合の要素に意識を集中させ、正しく判断しアクションを制御するのに役立つあらゆる情報に注目して、試合に備えなければならない。

自分たちの能力に自信を持ち、ポジティブな決意と情熱を持ってプレーするとき、私たちは強い闘う集団になる。

私たちはＶＮＬで、忍耐と決断によって重要な局面を管理する能力があることを示した。

相手が自分たちを上回るプレーをしているときでも、この心理戦略を持ち続けよう。
試合が終わるまで、勝つための解決策を見つけることに集中し続けよう。
それが成功への鍵であり、私たちは成功するためにここに来たのだ。

2 ドイツ戦

ここ数年で培ったすべてのものを駆使して、もっと冷静にプレーする必要がある。

7月27日は、朝から雨で曇り空。会場内はいつもの大会とは違う雰囲気だった。音楽が流れると観客が踊りだす。バレーボールの第1試合であり、事前にこの雰囲気を感じることはできなかった。

試合の入りは悪かった。ドイツはグロゼルのサーブでプレッシャーをかけてきたが、何よりも私たちが緊張しすぎていて、まだ戦いに入れていなかった。

私はすぐにタイムアウトを取った。

自分たちのディナミックを出すためには、ポジティブなパフォーマンスが出るのを待っていてはいけない。自分たちから出そうとしなければならないと説得した。

私たちのサーブは威力が足りないし、髙橋藍はまだ試合感覚を取り戻せないでいる。ドイツはよいプレーをしていたから、第1セットを取るのは当然だった。

第2セット、ドイツのブロックは相変わらず効果的だったが、トランジションアタックでミスが出始めた。宮浦健人が関田誠大のブロック位置に跳び、2本のブレイクポイントを奪った。このセットを取ることに成功した。私たちは戦いに入ることができた。

第3セットの立ち上がりは、サーブがまだ期待したほどよくなかったが、プレーの効率が改善していることを確認できた。髙橋藍が調子を上げ、サーブレシーブだけでなくアタック効果でも貢献してくれた。しかし、ドイツのブロックは依然として効果的で、関田誠大は攻撃の位置をブロックからずらすために、サイドにトスを上げなければならなかった。

セットカウント2－1でリードしていたが、第4セットも相手はフィジカルなプレッシャーをかけてきた。2人のミドルと14番カーリツェク（アウトサイドヒッター）はとてもパワフルで効果的だった。

本当に互角の試合だった。西田有志に代えて宮浦健人を起用したのは、ブロックに一貫性を持たせるためだった。関田誠大が彼の攻撃力にもっと頼らなかったのは残念だった。第4セットでマッチポイントを握ったのに、取りきることができなかった。山内晶大の2本のブロックがドイツによるチャレンジ（アンテナ接触を含むタッチネット）によって取り消されたことについては、何と言えばいいのだろう。

石川祐希はふくらはぎの痙攣に苦しみ始めている。回復の時間を与えるため、彼がバックに回ったときに大塚達宣と交代させた。しかし、ドイツのブロックは相変わらずで、宮浦健人と髙橋藍に襲いかかる。西田有志をコートに戻した。そして私は、高橋健太郎を投入してブロックにフィジカルの強さを加えようとした。しかし、ドイツはカーリツェクの見事なロールショットで試合に勝った。

彼らは勝利に値した。ミドルブロッカーは攻撃面でも非常に効果的だった。ブレーメはアタックを14本中12本決めたが、守備でも活躍した。私たちのパフォーマンスは、安定しなかった。トランジションでの効率はわずか23%。にもかかわらず、3－1で勝つチャンスはあった。

いま最も重要なことは、自分たちに向き合うことだ。解決策の大部分はメンタルだ。ここ数年で培ったすべてのものを駆使して、もっと冷静にプレーする必要がある。すなわち力で押すだけではなく、個人とチームのタクティックを駆使することだ。この敗戦が私たちを不安定にしないようにしなければならない。

準決勝に進むためには、サーブ力をはじめ、自分たちの強みにもっと関連性と継続性を持たせなければならない。

ポジティブな面を挙げるとすれば、勝ち点1を獲得できたため、予選突破の可能性をまだ持っているということだ。

ドイツ戦　2024／7／27（土）9時00分～11時23分

2－3（17－25、**25**－23、**25**－20、28－30、12－15）

チームと選手のパフォーマンス（得点）

日本

■アタック………チーム61　石川祐希21、西田有志15、髙橋藍14
■ブロック………チーム8　山内晶大3、小野寺太志2、西田有志2
■サーブ…………チーム8　西田有志3、小野寺太志3、宮浦健人1

ドイツ

■アタック………チーム59　グロゼル15、ブレーメ12、カーリツェク10
■ブロック………チーム18　グロゼル5、カンパ4、ブレーメ3
■サーブ…………チーム6　グロゼル4、ライヒェルト2

3

アルゼンチン戦

この試合で1セットを失ったことが致命傷にならないことを祈りつつ、この勝ち点3に安堵した。

パリでは雨の日が続いていたが、この日は朝から晴れていた。アルゼンチン戦は決定的な試合だ。勝たなければならないが、勝ち点3も獲らなければならない。

私たちの狙いは、名セッターのデセッコのトスを制限するため、サーブレシーブを崩すことだった。パロンスキーが優先ターゲットだった。第3セット、マルティネスが代わりに入り、アルゼンチンはサーブレシーブを安定させた。

私たちはこの新しい体制に適応するのに時間がかかりすぎた。しかもアルゼンチンはサーブを強く打ってきて、我々のサーブレシーブを崩してきた。これが第3セットを失う原因となった。

第4セット、髙橋藍が見事なショートサーブでコンテを狙った。小野寺太志が攻撃のパフォーマンスを上げ、クイックが得意なロセルに対してブロックを決めた。

この2年間、私は相手のミドルブロッカーに対するブロックのタイミングを改善することにこだわってきた。ドイツのミドルブロッカーに対しては、その成果が出せなかったが、ようやく重要な得点をあげることができた。

2回のマッチポイントがあった。小野寺太志のクイックが拾われ、ブロックアウトを決められて24－23。ここでタイムアウトを取った。最後にブロッカーが1人しかいないポジション2（フロントライト）で、宮浦健人が関田誠大からの見事なトスをバックアタックで決めて25－23。

この試合で1セットを失ったことが致命傷にならないことを祈りつつ、この勝ち点3に安堵した。とりあえずはこのオリンピックで初勝利を挙げた。次はすでに2勝しているアメリカとの対戦であり、前回のドイツ戦は2－3で負けていたため、この勝利は貴重なものだった。

アルゼンチン戦　2024／7／31（水）13時00分～14時57分

3－1（**25**－16、**25**－22、18－25、**25**－23）

チームと選手のパフォーマンス（得点）

日本

■アタック………チーム58　西田有志16、小野寺太志11、石川祐希10
■ブロック………チーム5　髙橋藍2、石川祐希1、関田誠大1
■サーブ…………チーム8　西田有志5、髙橋藍3

アルゼンチン

■アタック………チーム49　コンテ17、リマ14、マルティネス5
■ブロック………チーム8　ラモス3、ロセル3、コンテ1
■サーブ…………チーム5　セルバ1、ロセル1、デセッコ1

4

アメリカ戦

決勝トーナメントにどう進むかはあまり重要ではない。

夜9時から試合が始まるが、外はまだ明るい。

アメリカは、自信があるときには非常に効果的な攻撃と守備を展開できるチームだ。彼らはこれまで、私たちに対して決してうまく機能していたわけではない。サーブレシーブを4人体制に変更したことで、弱点であったサーブレシーブが安定感を増した。

第1セットでは明らかに、彼らが疑念を抱くような状況を作り出すことができなかった。彼らはミスすることなく、非常に効果的なゲームを展開した。私たちはすべての面で負けていた。

次のセットでは、異なる解決策とフィジカルな存在感を加えるために、髙橋健太郎を投入した。そして実際、彼は効果的なブロックと攻撃で貢献し、サイドにスペースを生み出した。しかし、彼らは試合を支配し続け、自信を持っていた。ミドルブロッカーのホルトが燃えていた。

第2セットも大差で失った。

石川祐希はいつものような効果的なプレーができず、サーブで狙われた。セッターの隣に髙橋藍、石川祐希の代わりに大塚達宣と、アウトサイドヒッターのポジションを入れ替えることにした。相手の作戦を不安定にさせ、違うディナミックを生み出そうとしたのだ。

この戦術は第3セットで功を奏した。サーブレシーブが安定し、西田有志が非常によいパフォーマンスを見せたことで、攻撃の構成を効果的なものに変えることができた。第4セットでは同じリズムを維持することができず、何よりも相手の攻撃のスピードが速かったため、守備の解決策を見いだせなかった。しかし、これでチームに新たなディナミックが生まれた。

重要なのは、オリンピックで準々決勝に進出できたことだ。それは必ずしも私が想像していたシナリオではなかった。

初戦でドイツに勝っていれば、大会の様相が一変したことは間違いない。今大会でのドイツの戦績を見ると、アメリカには2－3、フランスには2－3で敗れている。確かにドイツ戦は我々のベストゲームではなかったが、彼らのパフォーマンスは注目に値する。

もしドイツに勝っていれば、1／4ファイナル（8チームによる決勝トーナメント初戦）でフランスと対戦していただろう。しかしイタリアになった。

彼らは非常に経験豊富なチームで、ブロックに長けており、セッターのジャンネッリと左利きのアウトサイドヒッターのミキエレットという2人のキーマンがいる。

実際、この種の大会では、決勝トーナメントにどう進むかはあまり重要ではない。残されたのは、過去の成績とは無関係の決勝トーナメントだけなのだ。東京オリンピックでは、予選リーグで敗退しかけていたフランスが優勝した。

試合の準備

今こそ、私たちがともに歩んできたポジティブな経験を思い出すときだ。私たちをパリに連れてきてくれた夢、そしてまだ手の届くところにある夢を思い出すために。その夢とは、準決勝に進みメダルを獲得することだ。

アメリカ戦の後、私は石川祐希がつらい時間を過ごしていると感じた。とくに、彼がいない第3セットを制したことで、チームが「よりよいプレー」をしたと感じただろう。

彼は、このオリンピックで成功しなければならないというプレッシャーを自分に課し、この状況に苛立っていたのだと思う。彼にそのような印象を抱かせておくことは論外だった。石川祐希は自信を取り戻す必要があった。サイドアウトの局面でも、トランジションの局面でも、チームの攻撃マネジメントに欠かせない存在だ。

彼が調子のよいときはいつも、エネルギーとパフォーマンスでチームを鼓舞する。もしこの準々決勝で勝つとしたら、キャプテンが能力をフルに発揮したときだろう。

イタリアリーグでキャリアを積んできた彼にとって、この試合が個人的な意味合いを持つこともわかっていた。イタリアを破れば、リーグでの彼の地位も上がる。

私は試合の前日、練習前に彼と関田誠大が話をするように促した。効果的なプレーをするためにも、チームを統率するためにも、彼らの試合への参加が必要なのだ。話し合いは実りあるものだったと思う。

チームを率いる上で常に重要なのは、パートナー同士の関係において、隠し事や不明確な点を残さないことだ。

アメリカ戦　2024／8／2（金）21時00分～22時45分

1－3（16－25、18－25、**25**－18、19－25）

チームと選手のパフォーマンス（得点）

日本

■アタック………チーム47　西田有志17、髙橋藍9、大塚達宣6

■ブロック………チーム6　山内晶大3、髙橋健太郎2、西田有志1

■サーブ…………チーム1　山内晶大1

アメリカ

■アタック………チーム56　アンダーソン15、デファルコ13、ラッセル10

■ブロック………チーム10　アヴリル6、ラッセル2、デファルコ1

■サーブ…………チーム3　ホルト1、アンダーソン1、アヴリル1

5 イタリア戦

チームの自信を取り戻すために、ここでタイムアウトを取るべきだった。

決勝トーナメントでは、予選8位の日本が予選1位のイタリアと対戦することになった。

小野寺太志の代わりに髙橋健太郎を起用した。この試合には彼のフィジカルな存在感とブロック力が必要だ。

髙橋健太郎はサーブが苦手であると思われていたが、私はいつもその反対だと思っていた。第1セットでは彼がサーブのローテーションのとき、5度のブレイクを連発した。このブレイクのおかげで、第1セットを取ることができた。第1セットの終盤になって、イタリアはブロックでこちらのサイドアウトにプレッシャーをかけてきたが、私たちのセットの勝利を阻むことはできなかった。

第1セットから試合の枠組みは決まっていた。サイドアウトの有効性を維持するための絶え間ない戦いだった。イタリアはサーブとブロックに頼り、我々はサーブとバックディフェンスに頼る。

この2つのディフェンスが、第2セットの終盤で違いを生んだ。ポジション2（フロントライト）の西田有志とコートの外まで走りこんだ山本智大の信じられないようなレシーブだ。

第3セットの入りは完璧だった。関田誠大はサイドと中央の攻撃のバランスを取り、完璧にこなした。この時点で私はイタリアに3－0で勝つことを夢見ていたことを告白する。

24－21のマッチポイントで髙橋藍がサーブを打つ。ミドルブロッカーのルッソの速いアタックに2人が跳び、髙橋健太郎の手に当たってブロックアウトになったのは、イタリアにとって奇跡的なポイントだった。あのブロックが決まっていれば、間違いなくイタリアはノックアウトされていた。

24－22とマッチポイントをまだ握っていたが、ライン際に石川祐希がスパイクを打ってアウトになる。戦術的には完璧な選択だったが、チャレンジでボールがブロックに当たっていないことが確認された。そのあとジャンネッリにサービスエースを決められ、24－24に追いつかれた。そして25－27と逆転され、このセットを失う。勝利まであと一手だった。

当然のこととして、イタリアにとっては、このセットを取ったことで試合を振り出しに戻したことになり、ブロックでさらにプレッシャーをかけてくることは間違いない。

第4セット以降は、イタリアによる石川祐希に対するサーブのプレッシャーと、ポジション4（フロントレフト）に対するイタリアのブロックが効果的で、とくにトランジションの局面で苦戦を強いられた。

攻撃面では、イタリアは中央エリアからの突破を増やし、私たちのディフェンスの有効性を制限した。そして、試合開始時は苦しんでいたミキエレットが、パフォーマンスを取り戻した。

すべてフルセットに持ち込まれた。セットを通して両チームは互角のプレーを見せた。髙橋健太郎に代えて小野寺太志を投入し、中央からの動きを注入。第4セットに宮浦健人と交代した西田有志が復活。

6－4とリードし、西田有志のサーブで2点を連取したところで、イタリアは流れを断ち切るためにタイムアウトを取った。私たちは8－6とリードを守って、コートチェンジを迎える。

大塚達宣は石川祐希に代わりバックの3ローテーションでプレーした。その間、石川祐希が体力を回復させ、セット終盤に決定力を発揮する。

前衛に戻ると、見事なアタックを決める。

14－14で小野寺太志のサーブ。ブロックで相手のスパイクの威力を弱め、石川祐希が対角線上のスパイクをルッソの手に当てて外に出す。

15－14になり、またマッチポイント。イタリアは疑心暗鬼だが、こちらは有頂天だ。イタリアがタイムアウトを取る。

小野寺がスピンサーブを試みるが、ネットにかかる。

私がこのサーブミスがあの時点でチームに与えたネガティブなインパクトに気づいたのは、試合のビデオを再生してからのことだった。

セットポイントやマッチポイントでのサーブミスは初めてではない。しかし、第3セットのマッチポイントで何度も勝利を逃していたこの試合では、ダメージが大きい。ネガティブな記憶が頭をよぎってしまう。私はもう一度映像を見たとき、チームの自信を取り戻すために、ここでタイムアウトを取るべきだったと自分に言い聞かせた。

15－15と追いつきほっとしたイタリアは、石川祐希にオプション4（フロントレフトに対する2枚ブロック）をつけ、これが機能した。勝機が去っていった。

スポーツは勝利に大きな喜びをもたらす。その理由は経験を積めばわかる。敗戦の大きな苦しみを知っているからだ。

今回の敗戦はとくに痛かった。私たちはこの勝利を夢見ていたし、あと一歩のところまで来ていた。

私はグループの最年長で、このような大きな苦悩の瞬間をすでに経験している。

私は彼らのところへ行き、とくに石川祐希には、この試合で自分を責めることは何もない、君はチームに必要なリーダーであり、充分期待に応えていると伝えた。彼にそれを聞いてもらうことが重要だと思った。

私は力尽きていた。私のバレー人生の8年間を共に過ごし、信じられないほどの絆を築いてきたこのチーム、このスタッフとの最後の試合が終わった。

私たちのチームが、信じられないほど激しい試合をしたことも、この大会に誇りを持てたことも知っている。しかし残念ながら、今でも私が抱いている後悔を取り除くことはできない。

イタリア戦　2024／8／5（月）13時00分～15時41分

2－3（**25**－20、**25**－23、25－27、24－26、15－17）

チームと選手のパフォーマンス（得点）

日本

■アタック……チーム73　石川祐希30、西田有志18、髙橋藍13
■ブロック……チーム2　西田有志1、髙橋藍1
■サーブ……チーム7　西田有志3、髙橋藍2、石川祐希2

イタリア

■アタック……チーム67　ミキエレット22、ラヴィア16、ロマノー16
■ブロック……チーム15　ルッソ5、ガラッシ3、ジャンネッリ2
■サーブ……チーム6　ガラッシ2、ロマノー2、ジャンネッリ1

エピローグ

日本代表チームとの8年間の軌跡

これで冒険は終わった。私は家に帰る。いつもなら家族の元へと急ぐのだが、今回はなかなか出発できない。

強化委員長の南部さんが、翌日の正午に、食事会を開くという名案を出してくれた。私はテーブルを囲むすべての選手たちを見ながら、彼らのパフォーマンスに影響を与えた重要なディスカッションを、一人ひとりについて挙げられることに気づいた。

この8年間、私はこのプロジェクトにどれだけのものを注いできただろうか？　私はこのプロジェクトが人生の重要な部分を占めていたことを実感し、感慨に耽った。

私たちはテーブルの周りに、高梨健太を加えることができただろう。彼の成長と努力は、それに値するものだ。そして藤井直伸さんはもちろんだ。彼は何らかの方法で、いつも私たちと一緒にいる。

続いてスタッフのメンバーたち。何度も繰り返すが、彼らはチームが手にした数々の成功の鍵であった。それだけでなく、プロジェクトを活性化させるような職場の雰囲気をつくってくれた。彼らは価値の高い情報と、専門性の高いスキルを提供してくれた。そのおかげで、私は状況をより深く理解し、適切な選択をすることができた。私は「スタッフパーティー」をいつまでも忘れないだろう。それは、緊張から解き放たれた楽しいひとときだった。日本の素晴らしい伝統だ。夜が更けるにつれ、何が何だかわからなくなっていったが、共に過ごした時間と笑いは、素晴らしい貴重な想い出として私の心に残り続ける。

日本代表チームと共に8年間を過ごした今、私は別人になった。

私は、25年にわたるトップクラスの指導者としてのスキルと経験を携えて、この国にやってきた。こうしたスキルを活かし、選手たちが成長して試合の知識を身につけられるようにサポートしようと試みた。しかし、それを達成するためには、仕事の仕方やコミュニケーションの取り方を再発明しなければならなかった。

私は日本のバレーボールの文化と伝統を理解し、それに適応しようと試みた。ところが、あるときは忍耐を持って、またあるときは指示的なアプローチによってその文化と伝統を進化させなければならなかった。私はこうした文化と経験の融合が、このプロジェクトの真の豊かさとなって表れていると確信している。誰もが自分の本質的な資質や価値観を見失うことなく、相手に適応する努力をしなければならないのだ。

言葉の壁による障害に関しては、それを回避する方法を知っておく必要がある。通訳と仕事をしていると、スピーチに込めた意思や、イントネーションを通じて伝わるはずの感情が取り除かれてしまうことがある。自分のスピーチなのに、外部者になってしまうこともあるのだ。したがって、事前に発言の準備をする必要がある。とくに母国語でない言語で伝えるとき、正しい言葉を選ぶ手段としては、書くことがベストだ。

自分が伝えたかったメッセージが、意図したとおりに受け止められているかどうかを確認することは、常に重要だ。相手の身体的な反応を観察し、表情やジェスチャーから、メッセージがどのように受け取られているかを探る。正直なところ、最初の頃は、何の反応も感情も感じとれないという印象を抱いていた。しかし最後には、すべての人間は同じであり、喜び、迷い、恐れ、疑いを抱いているということが理解できた。ただ表現の仕方が違うだけなのであり、それを見抜く方法を学ばなければならないのだ。

私はこの新しい環境に向き合い、適応するため、観察することに注力した。ときには理解できないという現実を受け入れ、疎外感によるフラストレーションを抑えなければならなかった。目的を達成するためには、別の手段を発見できるように忍耐を習得し、強い気持ちを持ち続ける必要がある。

私は仕事のやり方において、自分自身を改革しなければならなかった。それをやり遂げて成功することができたのは、尊敬、精進、尽力というものが日本人を突き動かす資質であり、価値観だからだ。

全員がこのプロジェクトに尽力しなかったら、これほどまでにチームを変えることはできなかっただろう。

みなさま、私のプライベート人生とプロフェッショナル人生を豊かなものにしてくれてありがとう。

2025年1月吉日　フィリップ・ブラン

[著者略歴]

フィリップ・ブラン（Philippe Blain）

バレーボールフランス代表チームでは、セッターおよびアウトサイドヒッターとして活躍し、1986年世界選手権および1987年欧州選手権ではMVP（最優秀選手賞）を受賞。1992年にイタリアリーグのクーネオで、監督としてのキャリアをスタート。2001年にフランス男子代表監督になり、世界選手権では初のメダル、欧州選手権でもメダルを獲得した。アテネオリンピックに出場し、12年間フランス代表チームを指導した後、ポーランド男子代表コーチとして2014年に世界選手権で優勝し、2016年にはリオオリンピックに出場。2017年、日本男子代表チームのコーチに就任。2022年から監督となり、2024年パリオリンピック出場権を獲得。2023年に銅メダル、2024年に銀メダルとVNL初のメダルを獲得。著書に『Volley-ball De l'apprentissage à la compétition de haut niveau（バレーボール 入門からトップレベルの試合まで）』（Vigot, 2006）がある。

増井麻里子（ますい・まりこ）

スポーツ・ジャーナリスト

大阪外国語大学（現 大阪大学）フランス語専攻卒業。在学中にパリ短期留学。証券会社で外国証券のバックオフィス業務、商品企画、株式調査等に従事し、ヘッジファンドでのクオンツアナリストを経て、ムーディーズ・ジャパンでは大手企業の信用力分析、国際協力銀行（JBIC）では欧州・北アフリカのソブリンリスク審査および国際経済調査を担当。2014年に経済アナリスト／経営コンサルタントとして独立。企業価値向上のためのコンサルティングや投資家向けアドバイザリーを展開。プログラミングと企業分析のビジネススキル講師業、英語仏語の通訳・翻訳業にも従事。講演・執筆実績多数。バレーボールに関しては、中学、高校、大学でバレー部所属。2010年世界選手権をはじめ、イタリア、インドネシア、フランスなど海外観戦多数。2017年、スポーツ動画配信の解説者プロデュースを開始。スポーツ紙の通信員として、イタリアで2018年世界選手権を取材。

ブランのマネジメント

2025年2月1日　初版発行

著　者　フィリップ・ブラン／増井麻里子

発行者　小早川幸一郎

発　行　株式会社クロスメディア・パブリッシング
〒151-0051 東京都渋谷区千駄ヶ谷4-20-3 東栄神宮外苑ビル
https://www.cm-publishing.co.jp
◎本の内容に関するお問い合わせ先：TEL（03）5413-3140／FAX（03）5413-3141

発　売　株式会社インプレス
〒101-0051 東京都千代田区神田神保町一丁目105番地
◎乱丁本・落丁本などのお問い合わせ先：FAX（03）6837-5023
service@impress.co.jp
※古書店で購入されたものについてはお取り替えできません

印刷・製本　中央精版印刷株式会社

 ISBN978-4-295-41043-0　C2034